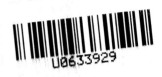

本书为国家社科基金重大项目
（项目批准号为：12&ZD092）的阶段性成果

智库丛书
National Think Tank Series

国家发展与战略丛书
人大国发院智库丛书

供给侧结构性改革的理论逻辑及实施路径

Supply-Side Structural Reform: Theoretical Logic and Implementation Roadmap

郭杰　于泽　张杰　著

中国社会科学出版社

图书在版编目(CIP)数据

供给侧结构性改革的理论逻辑及实施路径／郭杰，于泽，张杰著．
—北京：中国社会科学出版社，2016.5
(国家发展与战略丛书)
ISBN 978-7-5161-8063-1

Ⅰ.①供… Ⅱ.①郭…②于…③张… Ⅲ.①中国经济—经济改革—研究 Ⅳ.①F12

中国版本图书馆 CIP 数据核字(2016)第 084392 号

出 版 人 赵剑英
责任编辑 王 茵
特约编辑 王 称
责任校对 董晓月
责任印制 王 超

出 版 中国社会科学出版社
社 址 北京鼓楼西大街甲 158 号
邮 编 100720
网 址 http://www.csspw.cn
发 行 部 010-84083685
门 市 部 010-84029450
经 销 新华书店及其他书店

印 刷 北京君升印刷有限公司
装 订 廊坊市广阳区广增装订厂
版 次 2016 年 5 月第 1 版
印 次 2016 年 5 月第 1 次印刷

开 本 710×1000 1/16
印 张 13
插 页 2
字 数 110 千字
定 价 49.00 元

摘　要

供给侧结构性改革，是在新的历史时期为适应新常态、引领新常态，跨越中等收入陷阱，实现2020年全面达到小康社会目标的重大战略举措。改革开放以来，从联产承包责任制，到国有企业减员增效，中国曾实行了大量的供给侧改革，以提高微观经济主体活力、解放和发展生产力、满足人民群众日益增长的物质文化生活需要。但是，随着经济步入新常态，传统的供给侧和需求侧改革措施，其效果都在日益减弱，这就从客观上要求我们的发展需要有新的思想来指导，以便实施新的战略。

正是在这样的背景下，供给侧结构性改革应运而生，成为新常态下中国经济工作的重要指导思想和重大战略举措。由此，社会各界都对供给侧结构性改革给予了极大的关注，引发了从不同的角度对其进行各式各样的解读。在这些解读中，不乏许多独到的观点和实践方面的有益建议，但也有许多观点显然是对供给侧结构性改革的误读。有鉴于此，我们有必要从理论到政策以及具体问题的对策措施等方面，就供给侧结构性改革进行全方位的探讨。

首先，我们从人们的思想认识层面入手，澄清了对供给侧结构性改革在理解和操作上容易产生的七大误区：供给侧结构性改革的经济学基础就是供给经济学；供给侧结构性改革等同于传统意义上的调结构；供给侧结构性改革的主要手段就是减税；供给侧结构性改革就是集中力量扩大供给；供给侧结构性改革等于供给管理；产业结构高级化就是提升服务业占比；供给侧结构性改革就是以自由市场作为经济治理模式。并从供给学派、拉美结构主义、新自由主义的理论角度，对这些误区的根源进行了简要剖析。

在上述分析的基础上，以辩证唯物主义和历史唯物主义的立场、观点和方法，从生产力与生产关系的辩证统一关系入手，深入探讨了供给侧结构性改革的内在理论逻辑。我们认为：生产关系必须适合生产力的性质是供给侧结构性改革的逻辑起点；矛盾主次方面的相互转化是供给侧结构性改革的客观要求；经济中的结构性问题是供给侧的重要节点；解决经济中结构性问题的根本途径在于改革。因此，我们得出了这样的逻辑结论：供给侧结构性改革的理论思维和战略举措，其理论基础既不是供给学派，也不是拉美结构主义，更不是新自由主义；而是马克思主义理论观点和方法论在新常态下的具体运用，是中国特色社会主义政治经济学在新的历史时期的发展和创新，标志着中国经济工作的指导思想和发展战略进入了一个新的阶段。其目的是通过改革生产关系，解放和发展生产力，促进中国社会主义制度的自我完善，为跨越中等收入陷阱，到2020年全面实现小康社会创造条件，为中华民族的伟大复兴奠定更坚实的制度基础和物质基础。

其次，在对供给侧结构性改革认识上的各种误区进行了厘清，并对其理论要义作出明确界定之后，我们从实践操作的层面，以生产关系的改革为基本立足点，结合当前中国经济社会中存在的主要问题，就供给侧结构性改革过程中所需要遵循的基本原则、改革的重点方面、政策的着力点等进行了较为深入的理论性探讨。

最后，就中央部署的供给侧结构性改革“去产能、去库存、去杠杆、降成本、补短板”的五大任务，我们从具体实施的层面，以问题为导向，就其在现实中的主要表现、产生的主客观原因进行了较详尽的分析，并按照中央制定的五大政策原则精神，对各具体问题提出了相应的对策措施。

目　录

上篇　理论与方案

下篇 问题与对策

上　篇

理论与方案

第一章

供给侧结构性改革在认识上容易产生的误区及其理论根源

自从供给侧结构性改革这一概念提出之后，各界就从不同的角度对其进行了解读。其中不乏很多好的观点和操作层面的政策建议。但是，也有部分观点显然是误读，具有一定的理解和操作层面的误导性；如果按照这些观点的方案和政策来实施，则容易在供给侧结构性改革的幌子下将中国经济诱导进中等收入陷阱等歧途。为此，在阐明供给侧结构性改革的理论要义和实施路径之前，我们有必要先来厘清一下它在认识上的误区以及这些误区的理论根源。

一 常见误区的表现

误区1：供给侧结构性改革的经济学基础就是供给经济学。

这是一种非常流行的观点，但是，发源于美国的供给主义并不能成为我们的理论基础，这是因为：

（1）美国的环境与中国不同，政策要求也就不同。20世纪美国面临的情况是滞胀，20世纪70年代生产率下降导致了经济增长下降，石油价格和需求刺激积累导致了较高的通货膨胀。对于美国政府来说，需要找到的是一条以较小代价降低通货膨胀，同时提高潜在增长率的政策途径。这正是供给经济学所吹捧的政策目标。但除了潜在增长率这种宏观政策的一般性目标外，供给主义的政策目标和中国新常态的大环境并不吻合。

（2）供给经济学本身并不是严格意义上的经济学，它是20世纪70年代之后反凯恩斯的新自由主义经济学家对宏观、微观理论的简单化和极端化，有很强的误导性。所有学派都不否认供给的作用，凯恩斯主义也认为供给很重要，是社会生产能力的制约，只不过更加强调需求是经济发生短期波动的主因。在宏观经济方面，20世纪70年代弗里德曼、卢卡斯等人攻击传统的凯恩斯需求管理方式，最终诞生了真实经济周期理论，认为经济波动的源泉是供给侧的生产率。弗里德曼认为经济衰退不是因为个人储蓄倾向提高、增加货币持有量，而是因为社会的货币供给量不足。此外，因为政策时滞的影响，政府不用监督经济、相机抉择需求管理，只需要供给稳定货币。卢卡斯认为经济波动的原因是消费者和企业弄不清世界状况，但是在理性预期下，这个过程会很快结束，不需要政府管理。同时，因为预期到的政策不起作用，只有随机扰动政策才有效，而随机扰动政策只会带来经济波动，因此，政府应该无为而治。在微观经济方面，费尔德斯坦等人论证了美国当时的税收和管制不利于美国经济，因此需要修改部分税种和管制模式。高税收会降低劳动供给，同时，对利润等资本收入征税会提高消费、降低资本积累。对工人保护、消费者安全和环境的保护这些管制提高了成本，可以更为精巧地设计这些管制。总的来看，新古典宏观经济学和公共经济学的这些理论还是在学术上进行了一些有益的反思；在政策主张上还是比较柔和的，认为可以有更好的经济治理模式。

由巴特利、万尼斯基、克里斯托等组成的小团体将这些理论的结论简单化和极端化，夸大这些理论对经济的重要性，形成了供给学派。从具体理论来说，供给经济学反对凯恩斯的需求侧管理，首要假设是恢复萨伊定律，认为供给会自动创造需求。然而，无论我们是否应该主动进行需求侧管理，凯恩斯提出的需求侧因素在大萧条等屡次经济危机和本轮全球经济下滑中的作用都是不可忽视的。而萨伊定律早已被经济学所抛弃。从这个角度来看，供给经济学过于以偏概全，是新瓶装旧酒。因此，我们需要避免新形式的萨伊定律误导我们的供给侧结构性改革。

误区 2：供给侧结构性改革等同于传统意义上的调结构。

结构调整与经济发展过程如影随形，它本身是一个动态的过程。在改革开放后中国几十年的经济发展过程中，历史和现实的多方面因素造成了以产业结构为代表的结构性问题比较突出，所以，近十多年来我们一直在强调经济结构的调整问题。正因为如此，有一种观点就认为：当前的供给侧结构性改革就等同于过去的调结构，而只不过是换了一种新说法，甚至是一种更加晦涩难懂的说法而已。

显然，这种看法滞后于实践，是对供给侧结构性改革的简单化、片面化理解，它没有认识到供给侧结构性改革是经济社会在新常态下的新要求、是一场改革，而非传统意义上的结构调整。

（1）传统意义上的调结构更多的是在一定的生产关系不变的前提下进行的，从理论上来说，它并不涉及在保持一定生产关系根本性质不变的前提下，生产关系的部分质变问题。从最近十多年强调的调结构的实践来看，这种调结构更多的往往是就需求结构、供给结构本身而言的，主要通过需求管理政策来调节总供给与总需求的平衡，从而达到经济结构调整的目的，重点是对产业结构的调整。

尽管供给侧结构性改革同样强调结构调整，但其意义却与传统意义上的调结构有着本质的区别。它不仅在结构调整的内容、范围等方面要广泛和深刻得多，更重要的是，它涉及在保持一定生产关系根本性质不变的前提下，生产关系的部分质变的问题。通过改革部分不适应新常态下生产力发展要求的生产关系以达到结构调整的目的，因此，它才被定义为“结构性改革”。

（2）传统意义上的调结构更多是强调增量意义上的补充，其重要内容之一，就是从量的角度给实体经济补短板，所以，那是以产量为导向的思维下的结构调整，目标是弥补瓶颈，目的是提升供给总量。在经济快速增长期，运输、能源等行业就容易成为瓶颈，从而限制产量的提升，推升了通货膨胀。在这种环境下的调结构是为了弥补这些缺口，从而更快地提升产量。

但随着经济社会步入新常态，面对经济增长放缓、环境承载能力下降，对经济发展的要求就已经不仅仅是提升产量的问题，而是在钢铁、水泥等行业出现了趋势性的拐点，从瓶颈的易发点变为了过剩的状况下，如何有效化解产能和促进资源向新兴行业的转移。尤其是在生态环境压力下，能源行业就不是量的提升，而是需要进行结构调整、提升清洁能源和新能源的占比问题。在这样的大背景下，煤炭等传统能源行业也会出现趋势性的过剩。因此，经济发展中的一个非常重要的挑战就是去产能，而去产能的这些行业正是以往的瓶颈行业。这是在新常态的要求下经济发展导致的拐点性的变化，这也就决定了应对这种拐点性变化的供给侧结构性改革和以往的调结构在实践上是截然不同的。

供给侧结构性改革更多的是强调存量意义上的改

革，是以质量为导向的思维下的结构调整，目标是去产能、去库存、去杠杆，目的是改革供给模式，提升供给质量，提高全要素生产率。供给侧结构性改革的另外两个任务，补短板和降成本就充分体现了它的这个目的。在经济总量达到一定程度之后，量的累积就显得没有那么迫切了，而供给的效率、产品的竞争力等供给的质的问题却成为事物本身的关键。当前中国经济社会中面临的许多结构性问题，都与供给的模式有着千丝万缕的联系，是传统的粗放式供给模式的副产品，因此，需要进行结构性改革，而不是通过传统意义上简单的调结构来解决。

（3）传统意义上的调结构是在需求管理的环境下进行的，在这样的大背景下，通过需求端的改善来解决结构性问题，从调节总量平衡的角度来平抑供给与需求的矛盾，这也就很自然地成为当时调结构的思维逻辑。在以往以量为导向的发展模式下，中国的需求以出口需求和投资需求为主，因此，在出口受阻的情况下，需要着力强调启动国内消费需求，以及加大企业投资需求。但是，从实践来看，在国内消费受多方面因素制约难以有效提升的情况下，为了保持量的增长，只能是扩大企业的投资需求，这导致刺激总需求的结果是更加固化了出口和投资，进一步强化了以量为导向的供给模式，加剧了总量供给与现实需求之间的不匹配。其实，中国当前大量海外购买行为表明，国内消费并不是不足，而是产品品质跟不上人们的需求。因此，要调整的就应该是供给侧，从供给侧的改革入手，提升产品品质，拓展国内需求空间。

而供给侧结构性改革意义上的调结构，是要直接从供给端入手，通过创新等手段来改善生产中的要素投入，消除无效供给，解决供给与需求的结构性矛盾，以及经济中的其他结构性问题。因为从现实来看，当前经济中的很多问题，其根源在供给侧而非需求侧。只有从供给侧的角度入手，改革以量为导向的传统的粗放式供给模式，才能使经济中诸多结构性问题得到根本性解决。

（4）传统意义上的调结构更多强调的是结构调整本身，主要是政府借助行政手段直接推动企业，企业按照政府制定的行业发展规划进行投资的扩张或收缩，从而达到产业结构调整的目的。其方式和手段，都带有一定的计划经济的痕迹。当然，这种政府主导的调结构方式，在特定的时期和情况下，也在一定的范围内达到了想要达到的目的。但是，以往的这种调结构方式，借助现行体制，往往会大幅度地放大它所希望的结果。由于地方政府响应中央号召而引发的“一窝蜂”上，导致调整过度。更有甚者，因为有时候不符合市场规律，结果导致局部行业出现越调产品越过剩，结构越调越扭曲。

供给侧结构性改革强调的是改革，关注的是市场机制在结构调整中的作用。通过改革建立高效合理的体制机制，界定清楚政府和市场的关系，释放微观主体的活力，让市场在资源配置中发挥决定性作用，以市场力量倒逼企业进行结构调整，充分发挥市场在效率方面的优势。政府在这个过程中更多的是制定市场规则，强调事中事后监管，通过简政放权激发市场活力，提质增效，促进经济健康发展。

由此可见，供给侧结构性改革与传统意义上的调结构有着本质的区别，它并非一般意义上的结构调整，而是在新常态的生产力发展要求下，通过生产关系的改革，以存量调整，以及调节思维、调节方式的转变，来达到解决经济中结构性问题的目的。

误区3：供给侧结构性改革的主要手段就是减税。

减税是供给学派的主要政策手段。供给学派希望通过减税提高劳动供给、劳动生产率和投资水平，刺激潜在经济增长率，但当时美国的实际情况并不尽如人意。在刺激劳动方面，1982—1989年劳动力年均增长1.6%，和前五年大体相同；在劳动生产率方面，1973—1979年平均增长1.1%，1980年代还是1.1%；1980—1992年，私人投资占GDP仅为17.4%，而1970年代为18%；收入分配更加不平等，收入最高的家庭收入占新增社会总收入的70%；预算赤字大幅度攀升，从1980年占GDP的2.7%攀升到1986的5.2%，1992年为4.9%。1980—1992年，联邦债务占GDP的比重从20%多上升到50%以上；美国平均增长率在1979—1990年为2.3%，这之前的1973—1979年为2.4%、1969—1979年为2.8%。[①] 可见，减税之后的潜在增长率还不如以前。美国的实践表明，劳动供给对所得税的反应非常微弱，在里根政府减税后，供给量并没有大幅度上升。同时，针对企业和资本收入减税虽然对投资有微弱的刺激，但财政赤字会挤出私人投资，综合结果基本为零。可见，供给学派认为减税会带来税收增长、税率和总税收之间具有拉弗曲线的关系仅是

① 数据来源于克鲁格曼《兜售繁荣》，中信出版社2010年版。

一个理论假设，在现实中并不能稳健成立。减税的综合后果主要是提高财政赤字，而促进税收和经济增长的效果微弱。

在中国税收进入低速增长、财政支出又具有刚性的情况下，主要依赖减税更会大幅度提高财政赤字，产生较大的挤出效应。供给侧结构性改革需要的是政策组合拳，主要通过体制改革来提升经济的潜在生产率。

误区 4：供给侧结构性改革就是集中力量扩大供给。

这种观点看似合理，但却是一种以偏概全、容易误导的观点。这是因为：

（1）这种观点容易回到关注供给数量的老路而不是提升供给质量的新路。供给侧结构性改革是要从供给端挖掘新常态下消费结构的升级潜力。在新常态下，中国排浪式消费的过程已基本结束，消费者不再是一波接一波地追赶，而是强调个性化需求。在互联网的助力下，这种调控的关键点是结构性改革，具体政策发力点是供给侧，目的是提升有效供给。在具体问题中，如果仅关注政策的供给侧，就容易忽略改革，而为新一轮大干快上找到借口，并发生新常态下另一种形态的产能过剩。因此，我们需要将重点放在改革、提质增效，而不是盲目扩大供给。

（2）这种观点导致片面强调供给，忽视需求。需求和供给的矛盾是市场经济的一般性矛盾。强调供给是因为这是当前矛盾的主要方面。但是，忽视需求条件是不能解决供给侧的结构性问题的。首先，供给需要和需求相适应，片面强调供给容易忽略需求结构，盲目追求一些新产业。但是，因为和需求脱节，最终这些行业只能是财政补贴的产物，成为“扶不起的阿斗”，浪费了资源。其次，供给结构调整过程中会出现摩擦性失业上升等问题，在短时间内对经济造成较大的压力，这就需要适度扩大需求规模，为供给调整创造空间，以空间换时间，为完成供给调整创造条件。

误区 5：供给侧结构性改革等于供给管理。

这是一种将改革等同于新管理方式的简单化理解。改革必然改变原有的管理体制和管理方式，若仅仅将一些表象等同于改革，则容易以改革之名，行计划之实。因此，我们需要避免政策落实部门借“规划”等名义变相收权，与政府简政放权的大方向相背离。

供给管理有一个非常隐晦的实施方式，这就是在战略性贸易的名义下实施供给管理之实。克鲁格曼等经济学家创立的战略性贸易论有其合理性，在适度的环境下，积极的政府干预有可能会导致好的结果。不过，社会上对这一理论的理解却容易走入歧途，我们可以将其复杂的理论简单化为如下逻辑推理：

因为现在是全新的开放时代，我们需要新的经济模式；为了维护人民生活水平，我们需要学会在日益激烈的国际市场上竞争；正因为如此，我们必须提高生产率和产品质量；我们必须加大高附加值产业在经济中的比重；这些产业在未来将创造更多的就业岗位；政府和企业必须构建一种新型合作关系，才能在新的全球经济中拥有竞争力。

这种极端化的理解是将战略性贸易理论简单化和极端化，和供给学派简单化和极端化理性预期等理论是一样的。克鲁格曼本人一再强调，战略性贸易是一个很柔和的理论，并不能导致这么极端的说法。按照国际贸易理论，世界需要的是合作，这样才能发挥各国优势，获得共赢。战略性贸易认为世界是一个零和博弈，各国的竞争就是类似企业的竞争，这在世界观上与国际贸易理论是不吻合的。这种极端化的理解容易导致在此名义下盲目设定战略性产业、极端化理解国家竞争力、利用政府手段来推进供给侧的调整。因为受信息的限制，国家并不比企业知道得多，也就没有能力选择行业。政府即使知道行业的未来发展，因为政府补贴会导致大量企业进入，从而迅速降低利润率，走上过剩的老路。光伏等产业就让我们感受到了这种教训。

供给侧结构性改革关键还是以改革来促进经济活力，让市场发挥更大的作用，明确政府角色，理顺中央政府与地方政府间的关系，而不是让政府以各种名义全面管控经济。

误区 6：产业结构高级化就是提升服务业占比。

供给侧结构性改革的一个目的是要优化和提升产业结构。在历史上，配第、库茨涅兹等经济学家都发现经济结构是从农业到制造业，再到服务业。但是，第二次世界大战之后的新证据表明，能够成功跨越中等收入陷阱的国家情况分化非常大，例如韩国等的制造业比重并不随着人均收入的提高而降低。这是因为当前全球经济正在从产业间、产业内分工逐步向产业链分工转变，各国均可凭借自身的比较优势找到自己在产业链中的位置，并不必然要重复从农业到制造业再到服务业的道路。因此，如果强行推动服务业升级，容易导致制造业的人为衰落，降低经济增长。

误区 7：供给侧结构性改革就是以自由市场作为经济治理模式。

这种观点是对供给侧结构性改革的极端化理解，很容易滑入新自由主义。需要正视的是，这种观点有其合理的成分。现在中国有很多需求得不到供给侧的回应，就是因为很多政府政策扭曲了价格信号，使得企业决策发生偏差，造成了许多无效供给。因此，供给侧结构性改革确实需要调整政府和市场的关系，让市场在资源配置中发挥决定性的作用。但是，这并不意味着政府就应该放手不管。

首先，改革的过程应该是在政府的主导下逐步实施，考虑中国经济的承受能力，稳步推进。这个过程不能成为休克疗法的重现，以致干扰中国经济的正常进程。

其次，我们的市场是有中国特色的社会主义市场，不是自由市场。这就要求我们在市场中需要政府作用的补充，保持社会主义本质，充分发挥国有经济的主体地位，在此基础上，通过简政放权，调整以往政府对微观经济主体的不当干预，激发企业的活力，共同促进中国经济的发展。

二 误区的理论根源

供给侧结构性改革在人们认识上容易产生的那些误区，既有理论层面的，也有操作层面的。这些误区的产生，也不仅仅是表层的认识问题，它既有现实的原因，也有更深层次的理论根源。就理论的角度来说，我们认为，这些错误或者片面的认识应当是受到了拉丁美洲结构主义、华盛顿共识和供给经济学等学派观点的影响。

1. 拉丁美洲结构主义

拉美结构主义兴起于20世纪40年代末50年代初，是拉美经济委员会（Economic Commission for Latin American，ECLA）针对拉美国家经济发展过程中的结构失衡、瓶颈约束、社会脱节等问题提出的一系列理论与政策。拉美结构主义初期理论主要来自劳尔·普雷维什（Raul Prebisch），并在实践中不断发展，形成了中心—外围理论、贸易条件恶化理论、结构性通货膨胀理论和进口替代工业化理论等一系列结构化理论。其强调拉美国家因历史条件、发展阶段以及经济体制特殊性等原因，导致的区别于西方国家的经济问题无法完全通过市场力量达到均衡，而既定的国际分工格局造成了其内部结构失衡问题进一步扩大，因此，提倡政府干预和贸易保护。结构主义的理论与政策在拉美国家改革初期效果较好，然而随着进口替代工业化模式弊端的逐渐显露和国际环境的变化，在20世纪80年代拉美国家债务危机爆发后宣告失败。

拉美结构主义认为，西方经济理论中不同国家会在增长过程中呈现趋同特点的前提是其增长路径处于稳态增长路径，而这与拉美国家的实际情况并不相符。拉美国家是在国际环境和国际分工既定的时候加入了国际市场，其经济发展水平和收入水平远低于世界平均水平，这一转变并不是在西方经济理论中的稳态增长路径上的转变，而是瞬时的、非平衡、非均衡意义上的转变，由此带来了国家内部部门差异化显著、失业、收入分配两极化严重和社会冲突等一系列问题。这一冲击带来的另一个后果是经济自身持续能力的降低和经济发展的瓶颈。中心—外围理论是拉美结构主义基于这一思想的重要理论，认为国际分工格局由大的工业中心国家和为工业中心提供粮食和初级产品的外围国家两部分组成，拉美国家处于全球分工的外围，其专业分工是生产并出口粮食和初级产品，加入这一既定的国际贸易格局将进一步造成其产业结构的固化。

第二次世界大战后，西方国家工业化的成功经验，使得拉美结构主义将工业化作为实现经济增长、缓解部门失衡、突破瓶颈约束和结构固化的不可或缺的重要手段。一方面，工业化能够带来工业部门的内生技术进步，提高该产品部门要素投入的边际收益，促使资本、劳动等生产要素向该部门转移。而在中心—外围的国际分工格局下，技术进步带来的收益更多的在中心国家积聚，造成中心国家工业部门的进一步扩张和外围国家产业结构的进一步固化。另一方面，收入增长带来的对粮食、初级产品和工业制成品的非比例性增加也会导致部门差异的产生。由于粮食、初级产品的需求收入弹性较低，而工业制成品的需求收入弹性较高，随着经济增长，人均收入的不断提高会带来对粮食、初级产品的相对需求下降、工业制成品的相对需求上升，从而非对称地提高工业制成品的需求结构，产生结构性差异。以上两方面原因组成了结构主义的贸易条件恶化理论。贸易条件恶化理论观点认为，中心工业部门的技术进步和对工业制成品需求的非比例增长，造成工业制成品价格提高和粮食、初级产品价格下降。由于拉美国家的贸易构成是出口粮食等初级产品、进口工业制成品，这就会造成拉美国家的贸易条件不断恶化，更加不利于经济增长和结构平衡。

中心—外围理论和贸易条件恶化理论主要着眼于讨论拉美国家加入既定的国际分工对国内产生的不利影响，这构成了拉美结构主义理论框架的一个方面。拉美结构主义的另一方面主要集中于强调拉美国家既定历史条件、发展阶段和经济体制特殊性带来的瓶颈性约束和市场失灵，倡导国家干预。

拉美结构主义反对将新古典经济学中市场能够自发通过边际调节实现均衡的理论直接应用于拉美国家。虽然市场有效性在西方国家经济发展过程中得到了有力支撑，但由于拉美国家处于发展初级阶段，其自身市场机制的不完善和自身经济体系的特殊性造成市场有效性假说并不完全适用。这一观点主要表现为两方面：一是生产侧受到资源禀赋、技术水平、国际市场等各类瓶颈约束，导致供给不能适应价格或需求的变化，产生结构失衡；二是价格的边际调节不能完全实现市场出清，造成结构性通货膨胀。

拉美结构主义的观点认为，拉美国家加入既定国际分工格局的过程不是一个平衡增长的过程，这不仅会带来贸易条件恶化，也会带来不同部门间的非平衡积累和瓶颈约束，在参与国际分工的某些特定部门，会产生过度积累，而其他部门则会出现瓶颈。拉美结构主义使用“瓶颈”来刻画低于其经济系统临界值并制约经济发展的资源、要素或产能。针对瓶颈产生的原因，拉美结构主义给出了以下三个观点：

第一，普雷维什认为，对拉美国家瓶颈问题的研究离不开一个开放的国际分工框架。基于其贸易条件恶化理论，拉美国家不得不出口越来越多的初级产品以换取等额的工业制成品进口。因此，贸易条件恶化形成了外部瓶颈，使得拉美国家的产品供给不足以适应价格的变化，造成市场失灵。第二，国内高收入阶层根据中心国家的消费习惯产生了模仿性消费需求，然而，国内供给侧却无法达到中心国家的生产技术和水平以生产适合消费需求的产品，从而产生了供给端与需求端的结构性失衡，造成供给瓶颈。这会加强外围国家在经济上对中心国家的依附性，并导致社会两极分化不断加剧。第三，拉美结构主义认为，不同国家的瓶颈可能表现出不同的特点和各自的特殊性，这是由不同国家各自的历史条件、转型过程和制度框架共同造成的。因此，难以使用统一的市场有效性理论对其进行解释。瓶颈的存在造成供给侧无法完全适应需求侧或价格变动，产生结构性失衡。

结构主义对拉美国家市场机制价格调节能力的质疑和对政府干预的倡导还反映在其结构性通货膨胀理论上。Cardoso（1981）在一个封闭框架下考虑了通货膨胀产生的结构性原因，将经济分为初级产品部门和工业部门两个部门，初级产品部门生产受到资源约束，且价格自由变动；而工业部门产品生产是由需求拉动的，并使用加成定价。短期内，资本存量和名义工资水平给定，两部门产品价格变动实现市场出清。然而，给定工人的真实工资目标和企业的加成率目标，会产生一个初级产品和工业产品相对价格序列。结构主义认为市场出清条件下的边际价格调节与上述目标下的价格调节并不能够保持一致，结构性非均衡的出现会产生通胀压力。

综合上述观点，拉美结构主义认为，要解决经济发展和结构失衡问题，工业化是必经之路。而在既定的国际分工格局和外围国家市场机制不完全等因素的约束下，仅通过市场力量调节无法改变中心—外围的专业分工，反而会通过国际贸易加剧中心和外围国家的财富分配两极分化。因此，生产结构调整和工业化推进需要通过国家干预和政府来推动，结果进口替代工业化战略应运而生。进口替代工业化战略提出，改变中心—外围贸易格局下工业制成品由中心国家提供、拉美等外围国家为中心国家提供初级产品的生产结构，就需要通过政府投资、贸易保护等方式，将工业制成品进口转为国内生产，发展与本国实际情况相适应的生产结构和支柱产业。具体而言，就是政府通过制订财政支出计划，对特定产业进行大规模投资，突破瓶颈约束，从供给端转变生产结构；通过工业制成品进口高关税、进口配额等限制手段，设置贸易壁垒，控制工业制成品进口，提升本国产品相对进口产品的竞争力；同时，对本国工业部门提供税收优惠、资源配置倾斜等一系列刺激性优惠，降低工业产品生产成本。

虽然进口替代工业化战略具有完整的理论基础，然而在实施过程中，仍暴露出了大量问题。

首先，进口替代工业化战略立足于使用国内生产取代进口来满足国家内部的工业制成品需求，这会造成三类问题：第一，替代性的工业制成品仅用于满足国内需求，而不是以工业制成品出口为目标，由此，在国际分工格局上，拉美国家仍然定位于初级产品出口，这使得贸易条件恶化问题并没有得到根本性改善。第二，政府对特定产业进行大规模投资所需的资本、设备、技术、原材料等的进口需求增加，使得国际收支平衡状况进一步恶化。

其次，重视工业部门而忽视初级产品部门的发展，这将会带来社会对资本密集型部门的偏向和劳动密集型部门占比的下降，从而降低产业结构对就业的吸收能力，降低工资性收入所占比重，加剧失业问题和收入不平等，造成社会动荡。

最后，贸易保护政策和税收优惠政策对国内工业部门的保护降低了其自主创新、实现技术进步的动力和能力，并未实现内生技术进步，相反却降低了经济发展的可持续性。进口替代工业化战略虽然在初期表现较好，但最终在国际大量低利率贷款涌入导致的拉美国家“负债式发展”和内部问题不断集聚的双重因素推动下，以债务危机爆发的形式宣告了进口替代工业化模式的失败。

通过上述对拉美结构主义的总结梳理，不难发现其无论在理论上，还是在结合拉美国家实际情况推进改革的政策工具上，均具有其合理性和实践意义，但这并不足以作为中国当前结构性改革的借鉴样本，其在中国不适用的原因主要在以下四个方面：

第一，国际分工的大环境不同。拉美国家所处的国际分工格局是中心国家生产工业品、外围国家生产初级产品的分工格局。中国当前在国际分工中以工业制成品为主，并且贸易额的绝对水平和增长速度均处于世界领先水平，具有相对较强的话语权，与拉美国家被动受制于中心国家贸易结构的情况具有明显差异。国际分工环境的改变造成拉美结构主义的中心—外围理论和进口替代工业化结构性政策对中国当前经济的解释力较弱，不适用于中国现实。

第二，政策手段和发展目标不一致。拉美结构主义提倡使用贸易保护手段和国家干预影响产业布局，逐步实现工业化。这与中国进一步扩大开放和完善市场机制的发展目标不一致。而从其贸易保护和税收优惠等政策手段带来的实际效果来看，并未真正实现国家内部工业部门的内生技术进步或生产率提高，反而造成了失业、两极分化和社会动荡等多项问题，显然不应作为中国供给侧结构性改革的效仿模式。

第三，初始条件和产业结构构成具有明显差异。拉美结构主义兴起于20世纪50年代，拉美国家表现为初始经济水平低、产业结构单一、以粮食等初级产品生产为主、工业制成品主要来自进口。在推行进口替代工业化战略后，技术进步仍然主要受制于国外，自身不具备技术进步的能力。与之相比，中国当前的经济发展水平与产业结构构成均有明显不同。经济总量方面，中国在经历了高速增长阶段后，2013—2015 年国内生产总值年均增长率为 7.3%，远高于世界同期 2.4% 的平均水平。并且，2009 年中国超越日本成为世界第二大经济体，2015 年中国 GDP 占世界的比重约为 15.5%。产业结构构成方面，中国当前具备完整的产业链条和相对更合理的三次产业结构，工业部门在中国的经济构成中占据重要地位，并且具备自力更生的自主创新能力，与拉美对中心国家的依附性和经济系统的脆弱性有显著区别。

第四，严格制约拉美国家发展的各类瓶颈约束并不构成中国经济改革中的首要矛盾。根据上文讨论，资源禀赋和生产技术受限、国际收支平衡和供需结构失衡等多种原因造成了拉美经济中的各类瓶颈，并严格制约了拉美国家的经济发展和工业化进程。因此，其主要的政府干预政策和工业化政策选择均立足于如何突破上述瓶颈。与之相对，中国当前经济的首要问题并不是生产侧的瓶颈约束，一方面，中国具有完整的产业链条和雄厚的生产能力，并不会长期受限于供给瓶颈约束，电力系统从无到有、从稀缺性瓶颈到过剩性瓶颈的高速转变就是一个例子；另一方面，在全球金融危机后中国大规模财政投入的刺激下，中国当前经济更多表现为产能过剩的过剩性瓶颈问题，去产能、去库存也成为中央经济工作会议提出的2016年中国经济发展的重点工作，这与拉美国家的稀缺性瓶颈约束是截然相反的。因此，中国应用拉美结构主义的理论框架或政策工具作为指导是不切实际的。

2. 新自由主义与供给学派和华盛顿共识

（1）新自由主义的基本理论观点

就理论而言，新自由主义在宏观方面是从货币主义开始的理性预期学派大力推进的新古典宏观经济学，在微观上是费尔德斯坦等人对税收、管制后果的研究。这些思想的共同点是强调市场自身的稳定倾向，对政府管制和政府主动干预的政策提出了质疑。

在新古典宏观经济学之前，统治宏观经济思想的凯恩斯主义认为需要通过政府对总需求管理来稳定经济。这是因为需求是经济发生短期波动的主因，同时私人需求也会自我波动。例如，当经济当事人的流动性需求上升，需要更多的货币，就会降低消费量，来满足货币需要。同时，如果货币供给量不变，增加的货币需求会导致利率上升，投资降低。在消费和投资都下降的双重作用下，经济就陷入了危机。因此，治理经济危机的办法是让政府来弥补私人的不足，或者通过多发行货币，降低人们的流动性偏好，稳定利率，拉动消费和投资。

弗里德曼理论的核心观点是市场本身有很强的稳定性，政府不应该过度干预。根据这个思路，他认为经济衰退不是市场自发产生的，即不是因为个人储蓄倾向或者说流动性偏好提高，试图增加货币持有量，从而降低了消费和投资；而是政府提供给社会的货币供给量不足。通过对美国货币历史的考察，弗里德曼认为每次经济危机之前政府都在减少货币供给量。例如，大萧条的诞生就是美联储紧缩货币量的结果。如果是这样，政府就不用监控经济中可能发生的私人流动性偏好上升问题，只需要保证货币供给量不降低就可以了。同时，因为货币政策有很长的时滞，即使政府需要监督经济，通过相机抉择的政策稳定经济也是办不到的。因此，政府应该遵循的是提供稳定货币增长的规则，在这个规则下，市场是会自我稳定的。

在理性预期理论的指引下，卢卡斯认为经济波动的原因是消费者和企业弄不清实际状况，但是在理性预期下，这个过程很快结束，不需要政府管理。同时，因为预期到的政策不起作用，只有随机扰动政策才有效，而随机扰动政策只会带来经济波动，因此，政府应该无为而治。

在微观经济方面，费尔德斯坦等人论证了美国当时的税收和管制不利于美国经济，因此需要修改部分税种和管制模式。高税收会降低劳动供给，同时，对利润等资本收入征税会提高消费，降低资本积累。对工人保护、消费者安全和环境的保护这些管制提高了成本，因此可以更为精巧地设计这些管制。这些 20 世纪七八十年代的自由主义思想席卷了整个经济学界，产生了很大影响。

（2）供给学派

在美国，这些新自由主义思想的直接后果就是诞生了一个极端的学派，即供给学派。供给经济学更加极端地反对凯恩斯的需求侧管理，其首要观点是恢复萨伊定律，认为供给会自动创造需求。这个观点认为，人们总会把收入花在某个地方，因此，收入和支出总是相等，经济处在均衡状态。供给学派虽然源自新自由主义，但是恢复萨伊定律却已经远远超越了新自由主义的观点。新自由主义的代表人物弗里德曼最为著名的观点就是，货币是经济波动的原因。这其中的关键点就是货币变化会影响总需求。他认为，虽然市场有自我稳定的倾向，但是政府的货币变化通过总需求会带来经济波动。其实，新自由主义宏观经济学也并没有否认需求的作用，只是强调市场有自我稳定的特征。而供给学派将这个特征极端化，认为市场供给会自动创造需求。因此，供给学派是将自己建立在一个已经为所有宏观研究者公认的错误理论之上的。

如果供给会自动创造需求，那么需求因素就不会影响经济。要推动经济发展，只需要从供给侧因素入手。供给学派经济中解决问题的主要手段就是减税，认为减税会提高劳动供给、劳动生产率和投资，刺激潜在经济增长率。但是，从美国的实践来看，仅仅依靠减税并不会带来潜在增长率的大幅度上升。可见要真正提高供给，还是需要综合改革。

（3）华盛顿共识

在拉丁美洲，因为结构主义政策的失败，新自由主义开始盛行。1982 年墨西哥宣布无力偿还到期外债，标志着拉美国家债务危机爆发，拉美结构主义所倡导的经济发展模式受到怀疑。随着新自由主义在智利经济改革中的成功，新自由主义逐渐取代了拉美结构主义，成为指导拉美国家结构性改革的主流思想。新自由主义最为集中的表现是“华盛顿共识”（Washington Consensus）。“华盛顿共识”是针对拉美国家如何摆脱 20 世纪

80年代债务危机，由约翰·威廉姆森（John Williamson）于1989年总结形成，并与国际货币基金组织、世界银行、美国财政部等达成共识而形成的十条改革措施，旨在协助拉美国家应对债务危机，缓解结构主义政策带来的一系列问题。虽然这一政策构想在智利的结构性改革中取得了成功，但随着拉美国家自由化改革的大规模推进和不断深入，其理论本身的缺陷以及理论与拉美国家的实际矛盾导致了其最终宣告破产。具体而言，“华盛顿共识”中的十条政策可以概括为宏观经济稳定、自由化和私有化三个方面：

宏观经济稳定包括缩小财政预算赤字，限制贷款发行和货币发行，实施紧缩政策，将控制通货膨胀作为经济稳定目标，防止高通胀和支付危机的产生；确定公共支出的分配方式和优先结构，将公共支出由原来的增长导向、公共福利导向转向卫生、教育、基础设施等领域；进行税制改革，在扩大税基征收范围的同时，降低边际税率，用以降低企业生产成本，刺激企业生产的积极性。

自由化包括提倡贸易自由化、对外直接投资自由化和资本自由流动，取消高关税、进口配额等各类贸易保护政策和贸易壁垒；提倡大规模推行金融市场自由化，逐步实现利率自由化；保证汇率稳定在具有竞争力的适当水平，配以谨慎监管；快速推行银行系统改革和金融部门改革，实现快速全面消除价格管制。

私有化包括推行所有制改革，实行国有企业私有化，明晰产权；降低企业进入和退出门槛，去管制，政府仅保持在环境、社会安全等方面的适当介入；保证非正式部门的资产所有权。

“华盛顿共识”认为，拉美结构主义所倡导的保护主义会降低市场激励机制的效果，导致生产率停滞于较低水平，降低经济活力。而国家干预则会带来经济扭曲，最具代表性的证据是拉美结构主义进口替代工业化战略带来的外资需求膨胀催生的债务危机和经济恶化。相反，“华盛顿共识”提倡市场机制、自由化和私有化，认为市场有效性会将资源按照最有效率的方式配置，因此，实现资本自由流动、贸易自由化和金融自由化能够促进经济效益的提高，并有利于完善激励机制，促进技术创新。然而，上述自由化和私有化的逻辑并没有在拉美国家的结构性改革推行中取得成功。

首先，虽然拉美国家在贸易、金融自由化等方面取得了巨大进展，但并没有实现真正意义上的生产率提高和经济增长。20 世纪 90 年代初，拉美国家在“华盛顿共识”的政策指导下，实现了旨在促进生产率提高和经济增长的结构性改革，并且几乎所有国家均在不同程度上实现了贸易自由化、外部资本流入、取消行政性价格垄断和国内政府管制、金融市场自由化等一系列私有化和自由化的成果，但就其增长和发展本身的表现而言效果却并不理想。表现在：经济增长缓慢且不具有可持续性，生产率尤其在人均产出的表现上，并没有得到明显提高。

此外，快速私有化和快速自由化的结构性改革使得拉美国家产业结构的内部联系更加弱化，加深了拉美经济的脆弱性。开放、自由化和私有化被认为可以带来技术进步和效率提高，跨国公司是中心国家向外围国家技术输送的重要方式，并能够通过跨国公司将国际市场的技术进步传导或渗透至国内其他生产部门，实现技术扩散。然而，拉美国家结构性改革的结果表明，技术进步的扩散效果相当微弱，自由化和放松管制反而强化了拉美国家生产技术的专业化，尤其表现在技术进步率较低或增加值较低的国内生产部门。而跨国公司将技术投入和要素投入集中于国际市场，并不会增加拉美国家内部生产企业之间的联系，反而造成了国家内部生产结构更加脱节，吸收就业能力进一步降低。

这是因为，结构化改革能对拉美国家带来收益的前提是，其能够加强拉美国家内部生产结构之间的联系和激励相容机制，从而保证其可持续的经济增长。而在跨国公司支配下的全球自由贸易和金融自由化，不免产生了以美国为代表的西方国家主导世界经济秩序的结果，从而不利于拉美国家的经济发展。技术进步在拉美国家内部表现出了二元分化的特征，表现为：在部分参与国际分工的部门内，技术进步速度较快，然而由于技术进步的产生主要来自于附属公司或跨国公司，即本质上仍然来自中心国家，其他部门仍存在大量失业和非正式就业现象。这一结果与普雷维什的看法相一致：外围国家在国际分工中并不能实现真正内生技术进步，而仅仅能够获得非正规的技术渗透。因此，技术进步仅仅能够使得与中心国家利益相符的部分部门受益，仅能吸收部分就业。由于技术进步的产生并不服从于本国的增长路径，而是受制于中心国家所需的生产结构，该类技术进步能在拉美国家内部产生的协同和渗透作用非常小，无法产生吸纳就业或持续性增长的效果，而只能够逐渐扩大拉美国家内部各部门之间的生产率差异，造成更大的结构失衡和收入分配不平衡等问题。拉美国家最终的表现是仅少部分就业停留在高生产率部门内，而大量非正式就业或失业人口集中于低生产率部门，结构失衡和财富分配不均问题日益严重。

经历了拉美国家推行该结构性改革的失败，20世纪末开始，以斯蒂格利茨为代表的经济学家对“华盛顿共识”本身的理论合理性和政策恰当性作出了深入的反思，认为“华盛顿共识”是不全面的，甚至是误导的。一方面，虽然撒切尔主义和里根政府在英美两国的实践有一定成效，但并不代表能够直接套用他们的经验将其照搬到拉美、东欧等国家和地区的结构性改革问题上来。西方国家成功的经验并不一定适用于所有国家，在发展中国家制度框架和资本市场尚未成熟的情况下，全面快速推行自由化改革和私有化改革，势必造成相反的结果；另一方面，旨在稳定宏观经济的紧缩性政策并不适用于亟须实施经济刺激的拉美国家，相反，紧缩政府支出、限制总需求的财政政策和紧缩性货币政策，会对已经陷入衰退和危机的拉美国家造成进一步的下行压力和宏观经济的剧烈波动。

以上总结了“华盛顿共识”在拉美国家结构性改革中失败的表现。由此可见，我们需要吸取其经验教训，结合中国当前经济的特征和问题，对将其作为中国供给侧结构性改革参照的做法保持高度的警惕：

第一，“华盛顿共识”的理论框架本身存在内部矛盾和缺陷。“华盛顿共识”的宏观经济稳定化政策是典型的紧缩型观点，将控制通货膨胀作为稳定宏观经济的政策目标，认为实施紧缩政策能够实现经济稳定。然而，这一理论本身存在相互矛盾和不合理之处。首先，稳定化政策与金融市场自由化政策本身存在相互矛盾。稳定化政策和金融市场自由化政策同时共存的一个可能结果是，严格控制货币发行出现的货币供应紧缩被金融市场自由化带来的外资自由流入、外币冲击本币所抵消，并不能够产生实体经济紧缩的效果。其次，稳定化政策目标与其结果之间存在冲突。同样由于稳定化政策与金融市场自由化政策的并存，当紧缩政策起到控制通货膨胀作用的同时，一个可能的结果是家庭收入减少带来的需求减少，以及企业利润降低带来的投资降低，这会造成经济进一步下行甚至经济衰退。此时，伴随产生的大量失业和大规模外资流出就可能引发社会动荡或金融危机，加剧宏观经济波动，反而不利于宏观经济稳定。最后，将宏观经济稳定的重点立足于防控通货膨胀的价格稳定，而忽略产出稳定和就业稳定等实体经济本身稳定性的政策目标，也值得商榷。

第二，全面被动型自由开放，放弃国内自主，不一定能够保证效率提高。除宏观经济稳定政策外，自由化和私有化是“华盛顿共识”政策工具的另外两个重要组成部分。然而，并没有证据表明，自由化和私有化一定能够带来效率的提高，特别是针对发展中国家的结构性改革阶段，全面被动地推动资本市场自由化、国际市场自由化和金融市场自由化并不能够保证效率的提高。对于发展中国家而言，全面快速推动自由化从另一个层面上看就意味着放弃国内自主，被动接受国际秩序，这对于建立一个具有内生技术创新能力的产业结构而言，很有可能造成负面影响。拉美的经验告诉我们，尤其在发展中国家的自主产品相对进口产品而言缺乏竞争力的事实之下，盲目推行全面自由化和私有化可能带来对国内技术进步和自主技术创新的不利影响，造成发展中国家的产业结构固化，并停滞在全球价值链底端。同时，被动接受国际经济秩序还可能带来国家内部生产结构的脱节，进一步降低吸纳就业能力，加深国内经济依附性，削弱其自身可持续发展的能力。

第三，全面推行私有化在政治和经济上均不适用于中国实际。全面推行私有化不仅在政治上不符合中国“坚持公有制为主体、多种所有制经济共同发展”的基本经济制度，在经济上也存在致命缺陷。忽视国家干预的必要性和积极作用，将垄断产业私有化可能会进一步巩固其垄断势力，导致市场竞争程度的进一步下降和垄断利润的大规模积聚。垄断程度加深会直接导致效率降低，并可能随之产生大量失业、通胀压力和经济大幅度波动问题。拉美国家强制推行电力、供水行业私有化导致的价格大幅度上涨甚至社会动荡的历史经验值得我们借鉴，并由此引起警惕。更进一步，垄断利润的大规模积聚会导致收入分配不平等加剧，致使国内市场需求失衡，甚至造成两极分化和社会冲突，这无疑是我们不希望看到的。

显然，通过以上对拉美结构主义、新自由主义以及由新自由主义衍生出来的供给学派、华盛顿共识的分析，我们可以得出结论，上述这些理论虽然存在一些可以借鉴之处，但是它们的观点在大方向上与中国实际情况并不相符。正因为如此，无论在何种意义上，它们都不可能成为供给侧结构性改革的思想渊源。

第二章

供给侧结构性改革的理论逻辑

改革开放伊始，从联产承包责任制，到国有企业减员增效，面临短缺的中国曾实施了带有计划经济痕迹的供给侧改革。1998 年东南亚金融危机爆发后，为拉动经济增长，政策开始转向需求管理，这种政策的运用在 2008 年世界性金融海啸中达到顶峰。近 20 年的需求管理政策，使得中国改革开放伊始的以产量为导向的供给模式进一步固化。然而，这种传统供给模式已经难以再适应经济新常态的发展要求；刺激总需求的各种政策手段，在新常态下的效果也正在减弱。正是在这样的背景下，供给侧结构性改革应运而生，成为新常态下中国经济工作的重要指导思想和重大战略举措。

◇◇ 一　生产关系必须适应生产力性质是供给侧结构性改革的逻辑起点

马克思主义认为，生产关系一定要适应生产力性质，是人类社会共同的经济规律。有什么样的生产力，就应该有什么样的生产关系与之相适应。生产力的发展是有规律的，它是一个从低级到高级、从落后到先进的过程。就先进生产力本身而言，它也是一个不断发展变化的过程，存在着阶段性、层次性。这就要求我们根据生产力的先进程度和发展层次，决定生产关系所能变化的程度。生产力是一个不断变化发展的过程，它决定了在一定生产关系的根本性质不变的前提下生产关系的部分质变，并要求人们针对生产关系在某些环节上或者是在实现形式上所出现的不适应生产力发展要求的情况，进行生产关系的必要调整，以适应生产力的发展变化。

生产关系必须适应生产力性质的原理，对当前中国经济社会的发展提出了客观要求，成为供给侧结构性改革理论思维和战略举措的逻辑起点。这是因为：

1. 当前中国经济社会发展中暴露出的诸多问题，表明生产关系与生产力已经不大适应，两者之间甚至存在着较大的矛盾。

30多年的改革开放，中国经济迅速发展，经济总量上升为世界第二，农业现代化不断推进，工业化程度和现代服务业比重都得到了大幅度提升，教育水平和人均预期寿命大幅度提高，一系列成就展现了中国快速提高的社会发展水平。这表明中国的生产力发展水平有了大幅度提高，到达了一个新的阶段和层次。但是我们也必须清醒地认识到，30多年的发展，也带来了不少社会和经济方面的新问题。比如：

（1）经济总量很大，但是人均产量还很低，还有大量贫困人口。虽然中国成为美国之后第二个突破十万亿美元国内生产总值的国家，但是因为人口众多，2015年全国居民人均可支配收入为21966元，全国居民人均可支配收入中位数为19281元，人均收入在世界排名还处在中低收入水平。2015年年底还有5575万贫困人口，绝对数量庞大。

（2）东西部、城乡间收入差距依然较大。中国经济发展极为不均衡，东北经济陷入严重困境；西部地区经济虽有崛起，但与东部差距依然较大。城乡差距依然较大。2015 年，城镇居民人均可支配收入 31195 元，农村居民人均可支配收入 11422 元；城镇居民人均消费支出 21392 元，农村居民人均消费支出 9223 元。

（3）环境承载能力下降，与人民的要求相距甚远。水资源、大气等承载力有限。十大流域的 700 个水质监测断面中，Ⅰ—Ⅲ类水质断面比例占 72.1%，劣Ⅴ类水质断面比例占 8.9%。十大流域水质总体为轻度污染。近岸海域 301 个海水水质监测点中，达到国家Ⅰ、Ⅱ类海水水质标准的监测点占 70.4%，Ⅲ类海水占 7.6%，Ⅳ类、劣Ⅳ类海水占 21.9%。在监测的 338 个城市中，空气质量达标的城市占 21.6%，未达标的城市占 78.4%。这些资源状况与发达国家差距较大。

（4）各种结构性问题突出，尤其是产业结构不合理。改革开放以来，中国在经济建设上取得了举世瞩目的成就，实现了从落后的农业经济向工业经济的大转型，并已经跨入工业化中期阶段。在产业结构转型的进程中，中国经济也遇到了很多问题，积累了很多矛盾，成为下一阶段发展的重要制约因素。譬如，三次产业结构发展不协调，工业比重偏高和服务业发展不足，农业基础薄弱，工业制造业低端化、重化工业比重偏大、产能过剩，公共性和生产性服务业发展不足，产业结构地区趋同等。这些问题和矛盾都需要我们在认清客观现实的基础上，着手去解决和化解。

（5）农业基础还很薄弱，直接影响其他产业的发展。

首先，耕地等自然资源对增加农产品有效供给的约束不断增强。近年来，由于建设用地扩张、自然灾害频发、生态退耕等原因，使得中国耕地资源每年都有一定的“流失”，并挑战了国家18亿亩耕地的红线。因耕地流失导致的耕地资源锐减，以及人口的相对缓慢增长，中国人均可耕地资源大幅度缩减，粮食等农产品的有效供给受到约束。尤为值得人们注意的是，在当前城市化、工业化快速推进的关键时期，“人地矛盾”恶化，以及由此导致的农产品供需失衡，还将可能威胁整个经济社会的平稳发展。

其次，中国农业基础设施落后，农业抗风险能力不强，使得年均农业生产损失较大。农业基础设施不足，已成为制约中国农业抵抗自然灾害等风险的能力提高的重要因素。多年来，中国农业基础设施建设滞后，例如水利建设不足、农业灾害预警系统建设滞后等，以致难以有效抵御频发的自然灾害，使得中国农业年均生产损失较大。相关数据显示，改革开放以来，中国农作物受灾面积占播种面积的30.73%，而农作物成灾面积占播种面积的比重也达到了16.13%。

再次，中国长期采用的小规模农户家庭经营模式，已成为阻碍中国推进农业产业化和发展现代农业的重要因素。长期以来，中国人多地少的基本国情没有变化，农业集约化经营程度也很低。在“家庭作坊式”小规模农户家庭经营模式下，每个农业经济活动人口耕地面积狭小，使得能够发挥规模经济的现代化、产业化大农业生产方式难以推广。尤其是在当前国际农业现代化和产业化大趋势背景下，这种脱离时代背景的生产组织模式已阻碍了中国农业国际竞争力的提高。来自联合国粮农组织的数据显示，中国平均每个农业经济活动人口耕地面积不足世界农业强国美国的1/300，也不及欧洲农业强国德国、法国的1/80。

（6）基础设施还不完善。虽然通过多年建设，高速公路和高速铁路里程位居世界前列，但是分布不均，中西部地区建设落后。城市地下管网等跟不上社会发展需要，内涝等问题严重。计划经济遗留的各种大院导致城市微循环道路不畅通，提升拥堵。在数字化时代，高度互联网和移动通信技术普及率还较低，地区间差异巨大。

（7）社会保障还不健全。中国社会保障制度城乡有别，覆盖面过窄，并由此造成了不同群体之间（如城镇职工与农民工群体及灵活就业群体之间）的不公平、不同部门（主要指公共部门和私有部门）之间的不公平、城乡差别两个制度之间的不公平等问题。

（8）创新能力还有待提高。与发达的国家相比，中国的创新体系绩效仍然有较大差距。中国在PCT专利和企业研发上的投入增长是最快的，但由于起步较低，与部分发达国家的国家科学与创新体系的比较，其绩效差距还是很明显的。中国在企业研发支出指数上已经超过了OECD的中值，但在其他项目上差距很大。尤其是在年限低于5年有专利的企业、企业的集成专利、注册商标和世界排名前500大学的基础研究上远远不及发达国家。

（9）宏观政策调控框架还需要完善。中国当前的调控框架落后，效果逐渐减弱。货币政策还在从数量目标向价格目标的转轨过程中，基准利率尚未建立，“利率走廊”还在构建中，相应货币政策工具还不充足。宏观审慎和金融监管政策滞后于金融体系发展，市场波动大，金融风险积聚。财政政策在实践上长期以支出为主，减税为辅，在税收增速下降、支出刚性上升的环境下政策空间有限，政府间财政关系不协调，进一步限制了财政政策积极效果的发挥。

这些问题的客观存在，既是生产关系与生产力不相适应的结果，也是阻碍生产力进一步发展的原因。充分暴露了当前生产关系与生产力的矛盾，表明生产关系已经成为生产力发展的桎梏。

2. 新常态对生产力的发展提出了新的、更高的要求，倒逼生产关系的改革。

中国经济社会已经步入新常态，“高速增长转变为中高速增长，经济结构不断优化升级，要素驱动、投资驱动转变为创新驱动”这些新常态的特点，表明它对生产力的发展提出了新的、更高的要求，推动着生产力向更高级、更先进的层次转化。而新的、更高层次的生产力，就要求对原有的、陈旧的生产关系进行变革，建立与之相适应的新的生产关系。只有这样，我们才能把握历史的机遇，适应新常态，引领新常态。

二　矛盾主次方面的相互转化是供给侧结构性改革的客观要求

新常态是中国社会主义初级阶段进程中的一个特殊

历史时期。这就意味这一时期中国社会的主要矛盾，仍然是人民日益增长的物质文化需要同落后的社会生产之间的矛盾。在社会主义市场经济环境下，这一矛盾的重要表现就是需求与供给之间的矛盾。

从改革开放到1998年亚洲金融危机之前这个时期，中国经济面临的主要问题是短缺，即供给不足，因此供给与需求的矛盾，更多地表现在供给方面，供给侧是矛盾的主要方面。为了解决这一矛盾，经济发展模式是以量为主，在“大干快上”中提升总产量，满足人民不断提高的基本生活要求。在总量提升的过程中，人民的生活水平有了很大提高。但是，由于一些具体的制度性安排、生产力发展水平等诸多因素的影响，经济供给模式表现出典型的粗放式特征。粗放式的供给模式依靠廉价的劳动力、自然资源的过度消耗、缺乏创新的低水平模仿等方式来生产技术含量较低的工农业产品，经济增长表现为严重的出口依赖，使得中国的生产始终徘徊于全球产业链的中低端。导致的结果是环境的恶化、要素价格的扭曲、产业结构不合理等一些结构性问题的产生。

1998年的亚洲金融危机，尤其是2008年的世界金融海啸，使得依赖出口来维持经济高速增长的传统的粗放式供给模式受到巨大挑战，出口乏力导致政策的着力点转向内需。这一时期供给与需求的矛盾主要表现为有效需求不足，需求侧成为矛盾的主要方面。由此，中国实施了大规模的刺激，拉动需求，保持增长。在这个过程中，借助城市化浪潮，房地产和汽车成了主导产业，这种保增长模式进一步强化了以量为导向的经济模式，使得传统的粗放式供给模式得以强化和固化。

另外，中国特殊的经济发展轨迹，工业比重一直较高，很多时候都处于产能过剩的状态。那么解决产能过剩问题最直接的方式，便是通过投资直接刺激那部分因为需求不足而导致的闲置生产力，通过拉动第二产业来带动整个经济增长。然而，投资的本质是扩大再生产，通过政府引导投资的途径虽然在短期内解决了结构性需求不足问题，刺激了经济，但是长时期内却再一次扩大了第二产业的产能，这种矛盾在经历 2008 年经济危机以及大规模投资刺激计划之后更为显著。大规模的投资计划不仅扭曲了经济结构，也阻碍了产业间结构的调整，为随后经济中的结构性问题留下了更大的隐患。

客观来说，传统的粗放式供给模式的形成以及产能过剩等问题的出现，有其特定的历史条件，是由各种错综复杂的因素共同促成的。但作为这些扭曲的结果，随着中国经济社会步入新常态，供给与需求的矛盾中，供给侧又一次成为矛盾的主要方面。这是因为：

1. **从需求侧来看，需求本身存在硬性约束，需求管理在解决供给与需求的矛盾中的动力也逐渐减弱，难以再承担起保增长的使命。**

（1）从需求本身来看。一直困扰中国经济的居民消费需求不足，并非绝对意义上的需求不足，实质上表现为低水平上的有效需求不足，一方面，它是以中国产业结构的低级化为基础的；另一方面，它是在中国居民收入水平总体上升而收入差距有所扩大中形成的。以拉动内需为目的的积极财政政策之所以没有充分达到刺激居民消费目的，其关键是没有考虑不合理的产业结构对内需不足的影响，没有把握住内需不足的根本性所在。另外，伴随着居民生活水平呈现了跨越式上升，消费已经进入个性化时代。在从家电到住房和汽车，中国居民实现一波波的排浪式消费时期，需求管理可以很好地调节消费速度，从而稳定经济。但随着这些大规模需求的满足，个性化已经成为当前的主流，大规模的简单刺激需求已难以再见到成效。可见，这种问题本质上是供给侧的问题，并非需求管理手段所能解决的，需要创新供给以创造新需求。

外贸发展余地越来越小，难以有效刺激出口需求。2000 年以来，中国在欧美市场上对东亚和东南亚其他经济体的替代，以及欧美市场总体规模的扩张，共同推动了中国制成品出口的高速增长，但是前者的贡献远大于后者。随着产品内分工模式主导下的全球价值链条和地区性价值链条的最终形成，支撑中国制成品出口增长的最大动力来源——对其他经济体的自然替代过程——已经消失了，无论是增加对现有市场的出口、还是开拓新兴出口市场，只能依赖于目标市场规模的扩张，或者在与其他出口国的竞争中获胜。显然，这些只能带来边际意义上的贡献，可以稳定中国的制成品出口，但是不足以推动中国制成品的持续高速增长。

企业的投资需求，则由于多年来的粗放式投资，导致新增投资的资本边际效率降低，这使得作为稳定内需的企业自发投资也难以有所起色。而大规模财政刺激下的定向产业投资，从历史经验来看，又将造成严重的产能过剩。

（2）从需求管理角度来看。管理总需求的财政和货币政策，由于以往的历次经济刺激以财政和货币手段加大资源投资，特别是信贷投入，使得微观经济主体积累了很高的杠杆，这在经济增速下降的状态下，蕴含了大量的金融风险，继续进行大规模需求刺激会提高杠杆而导致泡沫的进一步聚集，经济危机风险加大。另外，财政货币政策本身也受限于客观条件的约束。

汇率利率联动制约国内货币政策独立性，制约了需求管理的手段。在资本双向流动加大，国内外金融市场日益紧密联系的环境下，货币政策的独立性大幅度降低。在美国加息的情况下，我们会面临着汇率贬值压力，有可能带来国内资本的大规模外流。要保持汇率稳定，就给我们带来了加息压力。我们的货币政策日益受到欧美等国政策的影响，独立使用货币政策刺激国内需求的约束越来越强。

中国税收进入低速增长新阶段，同时财政支出刚性限制了财政政策运作的空间。这是因为企业增加值等指标放缓，经济条件难以支撑税收的高速增长。在这种环境下，财政支出刚性还在加大。因为新型城镇化意味着大量人员市民化，必然导致民生支出大幅度增长；人口老龄化带来社保、医疗支出上升；调整结构带来的失业保险上升；“一带一路”等国家战略的实施，也需要财政政策支持。在收支双重挤压下，财政腾挪空间降低，大规模刺激必然导致赤字大幅度攀升，产生较高的挤出效应，降低财政刺激的效果。

2. 从供给侧来看，传统的粗放式供给模式后继乏力，制约了全要素生产力的提高，导致了生态环境的恶化，并且还加剧了供给总量与质量之间的矛盾。因此亟须新的突破。

（1）生产要素价格作为供给成本的核心部分，已进入上行阶段和投资回报率递减状态，这使得简单积累要素的粗放增长模式难以为继。中国改革开放以来，经济增长的两个主要推动力量是劳动力从农业向制造业的大规模转移和天量的固定资产投资。伴随着刘易斯拐点的到来，中国的劳动力价格开始了稳步上升，在生产率不能保持增长的情况下，必然导致成本上升；同时，天量的固定资产投资带来传统产业产能过剩、回报率递减，企业效益下滑，增长乏力。新常态是要素价格上行期、回报率下降期，传统的要素推动的增长模式带来的产出增量越来越小。

（2）传统粗放式的供给模式，扭曲了收入结构，因此，全面建设小康社会，实现共同富裕，就必须进行供给模式改革。新常态对经济增长的一个约束是实现共同富裕，这就要求转变增长模式，从让一部分人先富起来，到真正实现全国人民共同富裕。传统需求刺激和大量资本堆积产生的经济增长更使得收入落入资本账下，劳动收入占社会总收入比重下降。要调整收入分配结构，只有通过调整生产侧的供给模式，才能调整要素价格和要素的空间流动，使劳动者获得体面报酬，贫困人口实现脱贫。

（3）资源过度消耗，生态环境承载能力下降，生态短板突出。高污染、高能耗行业在中国占据较大比重，这使得土壤、水源、空气大规模污染，与人们的生活宜居相距甚远。盲目上项目导致水土流失严重，人居环境变差。传统供给模式虽然带来了经济增长，但环境成本巨大，环境承载能力成了生产侧的硬约束，制约了供给能力的进一步提升。更为和谐的自然经济关系成了供给侧的巨大挑战。

（4）传统供给模式制约全要素生产率的提高，粗放式的增长后继乏力。传统以产量为导向的供给模式热衷于铺摊子、上项目，这造成了各地重复建设，盲目生产，难以形成规模经济。低水平的重复建设和盲目模仿又压制了社会的创新动力，企业满足于提供同质性低技术产品，这导致中国的全要素生产率21世纪以来增长缓慢，2008年大规模的需求刺激导致产业结构固化，进一步加剧了这种趋势。

由此可见，新常态下需求侧的运作空间已经十分有限，供给与需求的矛盾已经转化，供给侧已上升为矛盾的主要方面，需要新的突破，以通过创新供给来拓宽更广阔的需求空间，保持经济中高速增长。供给侧结构性改革的提出，正是顺应了这种矛盾主次方面转化的客观要求。

三　经济中的结构性问题是供给侧的重要结点

供给侧作为产品和劳务的提供方，包括量和质两个方面。传统以量为导向的粗放式供给模式给中国经济社会带来了诸多隐患，表现为供给的总量与质量不相匹配，缺乏有机的统一，其中最根本的就是供给方面的结构性问题。在排浪式消费结束后，量的短缺基本解决，商品质的提升却成为供给侧更为关键的问题。

1. **产品结构不合理，有效供给不足，无效供给过大。**

改革开放之初，因为收入水平较低，消费者关注的是有足够的商品来满足基本的消费需求。随着人均收入的提高，消费者开始更加关注商品的品质，从“山寨”

货向正品货靠拢，大量消费者为了购买放心的正品货大规模“海淘”。以量为导向的供给模式与消费者的商品品质要求脱节，无法激发更多的消费潜力，形成了商品的结构性过剩。

2. **产业结构不合理，过剩产能难以消化。**

大规模的、排浪式的基础设施建设和城市化建设已经过去，而此前由此建立起来的钢铁、水泥等行业却一时难以转型，面临着严重的产能过剩。尤其在城市化建设中，各地的造城运动带来了所谓的“高新开发区”四处开花，“鬼城”遍布。这些三、四线城市房地产市场的无效供给，使得结构性问题雪上加霜，成为当前供给侧面临的严重现实难题。

3. **生产投入中的要素结构不合理，导致增长后续乏力，同时，还恶化了收入结构。**

传统的粗放式供给模式，创新驱动机制不足，导致生产过程中的劳动、资本、自然资源、技术等生产要素的投入不匹配。依靠廉价的劳动力和自然资源的大量消耗，缺乏创新的简单技术模仿来实现供给数量的扩张，生产效率不高，增长后续乏力。此外，这种供给模式下，由于生产过程中的要素投入结构不合理，在劳动力廉价以及自然资源的价格受到管制而存在一定扭曲的情况下，产品的分配更多地向资本倾斜，从而恶化了收入结构。

4. **收入结构严重恶化，由于收入结构制约着需求结构，这使得传统的供给体系与现实的有效需求之间的矛盾进一步加剧。**

收入作为劳动要素供给的报酬，在现实中许多不合理的制度安排下，进入21世纪后迅速拉大。由于富人与穷人的需求存在较大差异，而且还存在不可替代性，加剧了传统的供给体系与现实的有效需求之间的矛盾。

5. **区域空间结构不合理，限制了社会有效需求的形成，加深了供给侧的结构性矛盾。**

现在的区域空间布局中，为数不多的几个一线城市一枝独秀，成为人口的高度集结地和超级消费中心；二线城市作为区域经济中心，并不能对所属区域形成有效辐射，无法承担起带动当地经济发展的使命；三、四线城市集聚人口、促进新型城市化的功能十分虚弱。这导致全国性的有效需求难以形成。

总的看来，这些问题是在经济的发展中逐步形成的，因此，对这些长期的问题并不能指望通过一些简单的政策来解决，而是要进行体制改革，通过结构性改革来解决供给侧存在的诸多难题。

◇◇ 四 解决供给侧结构性问题的根本途径在于改革

在矛盾的主要方面已经转化到供给侧，而结构性问题又是供给侧的重要结点的情况下，显然，依靠大规模需求刺激来稳定经济增长的效果会大不如从前，而只能进一步提高微观主体的杠杆率，提升经济危机的风险，因此，要稳定经济就需要从供给侧发力来提高潜在增长率。这就需要通过顶层设计，通过改革，探索适合中国国情的体制，从而解决供给侧的结构性问题。

但是，供给侧的结构性问题不是一朝一夕形成的，结构调整也是一个动态过程。因此，供给侧结构性改革的目标不是需求管理所关注的短期，更多是在短期基础上着眼于中长期，通过经济体制改革和公共管理模式创新，发挥微观主体的活力，提高潜在增长率，保持经济中高速增长，跨越中等收入陷阱，实现共同富裕。

解决供给侧问题的根本途径在于改革，改革的对象是不合时宜的生产关系。因此，供给侧结构性改革必须遵循马克思主义生产力和生产关系辩证统一的原理，通过改革生产关系来解放生产力和发展生产力。但是单纯强调生产力就容易落入前面所述的将供给侧问题简单化为扩大供给，所以，不能单纯就生产力说生产力，唯生产力至上。生产力的高级化、质量的提升要求生产关系的变化与之相适应，因此，生产关系方面存在的问题就为改革指明了方向。当前生产关系存在的主要问题有：

1. **市场与政府的界限不清晰。**

从计划经济向社会主义市场经济转型的过程中，中国改革的核心是政府与市场的关系，而1994年的分税制改革以及官员晋升制度成为中国地方政府行为动机的主要制度约束。中国第一阶段的改革从1978年到1993年，通过放权让利、冻结计划规模、价格双轨制等方法，市场从计划经济中生长出来，政府对经济的控制让位于市场。这一阶段，中国经济转型之所以成功，很重要的就是因为实施了标准的增量改革。经济学中重要的是边际量，通过“新人新办法、老人老办法”，我们在边际意义上构建了比较合理的市场体系。第二阶段的改革从1993年至今，关注点转移到全面建设社会主义市场经济，为新生的体制提供坚实的制度基础和调控环境。在这个阶段，重新界定了政府职能，使得政府成为市场的维护者和调控者。基于此，中国开启了大规模的国有企业改革，明晰产权，建立现代企业制度，构建社会主义法治环境。但是，迄今为止，政府与国有企业的关系尚没有完全理顺，这导致市场与政府的边界仍然比较模糊，市场经济的许多制度基石还不够牢固，甚至还没有充分建立。

2. **中央政府与地方政府间关系和财政体制。**

在整个政府与市场调整定位、相互适应的过程中，最为核心的因素是中央政府与地方政府之间的关系。中国经济的运行构架类似一个三明治。上层是进行重大决策的中央政府，底层是大量企业，中间层是具有巨大自由裁量权的地方政府。地方政府一直是中国经济中最重要的推动力，是政府与市场相互协调的中坚力量。为了能够有效地管理和制约地方政府，中央政府主要通过层级人事权和财权进行相应安排。为此，改革开放之后，我们在财权安排上进行了几次较大的调整和变革。

1994 年中国实行分税制改革，但分税制在运行过程中，逐渐显现出其与经济社会发展不协调的一面。这种不协调的产生，一方面归因于社会发展要求发生变化；另一方面归因于当年分税制改革回避了最为重要的政府间事权分配改革，结果是造成地方政府的财权与事权不匹配。

财权与事权的不匹配，导致地方政府的财政相当吃紧。这种情况下，地方政府为了维护当地的经济社会的有效运转，往往会不顾当地产业发展、资源禀赋等客观条件，使用招商引资等各种手段来扩大地方税税源以解决财政问题，结果造成许多地方产业结构雷同，导致全国性的产能过剩。地方政府解决财政问题的另一手段，就是土地财政。土地财政不仅抬高了房价，增加了金融风险，而且刺激了房地产业的畸形发展，导致了房地产库存问题的产生。

3. **国有企业和行政性垄断。**

在政府需求管理等政策实施中，为了进行相应的行业投资，政府需要一个执行者。中国政府对经济的控制主要是通过国有企业来进行的。这导致国有企业的正常功能出现扭曲，成为政府权力干预市场的主要通道和官员权力寻租的重要载体，导致中国市场化改革内生动力的弱化，使得市场进行结构调整的空间受到限制。

在中国针对国有企业以建立现代企业治理制度的多轮改革刺激，以及“抓大放小”的改革措施推动下，国有企业出现了由产业链下游的竞争行业环节向产业链上游的自然垄断行业环节转移的趋势。从表面上来看，这种转移趋势似乎是由国有企业所承担的公共性质功能以及所处行业的自然垄断性质的内在动力所驱动，而实际上来看，这种变化趋势一定程度上是由政府投资导向驱动的，大量资源型投资导致了国有企业产业链上移，自然垄断背后更大程度上体现为行政垄断的力量，表现出行政垄断和自然垄断合二为一的新变化特征。在国有企业控制了上游产业后，就可以利用自身的定价权干扰市场，获得超额租金。这致使下游民企资源配置受到扭曲价格信号的影响，效率降低，创新动力不足，更多是希望通过依附国有企业获得资源，从而对市场反应不灵敏，导致市场结构调整空间受限。

4. **社会保障供给失衡。**

社会保障供给的差异是典型的人们在生产中的地位差别的体现，也就是典型的生产关系问题的范畴。由于历史和现实的多重因素影响，中国社会保障制度一直城乡有别，覆盖面过窄，并由此造成了不同群体之间的不公平、不同部门之间的不公平、城乡差别两个体制之间的不公平等问题。在建立和完善社会主义市场经济体制的社会转型期，社会保障供给的失衡所导致的社会不公平现象，将会衍生出一系列社会问题，从而形成社会不同群体之间的隔阂甚至对立，加剧各种社会矛盾。这些矛盾一旦到了临界点，就可能成为社会动荡的导火索。

5. 公共资源廉价使用模式。

在以量为导向的供给模式下，要素价格是提升产品竞争力的简洁手段。借助资源的国有体制，中国长期维持了公共资源的廉价模式。工业用地、水、矿产等资源价格都受到了很大程度的政府管控。这种廉价模式又进一步促进了粗放的、依靠要素投入的增长模式。因为，一方面，资源价格扭曲误导了企业正常的成本—收益核算体系，使得低端产业仍保有利润，这不利于中国产业的调整升级。另一方面，资源价格扭曲还阻碍了企业的创新动力，固化了中国产业的低端化特征。处于产业链下游的企业以低价格获取资源，满足于低端的加工制造业赚取低廉的加工费，并以低价格参与市场竞争。在没有成本和市场压力的情况下，低端加工制造业企业就没有以技术替代资源的内生动力。这不仅固化了中国产业结构的低级化趋势，而且还导致企业现有的竞争力被进一步弱化。

6. 宏观调控框架与经济结构的矛盾。

中国以财政政策为主要手段的政府干预行为与产业结构优化升级的发展方向相矛盾。由于中国多数产业都是竞争性的，财政手段不应该直接介入，这就决定了不能通过政府资金对某一特定产业进行大规模的投资，不可试图直接通过改变投资结构来对产业结构的调整施加影响。但是，最近十几年来，中国实行的积极财政政策，往往以单一的直接投资或政府补贴企业投资手段为主，而在财政投资资金的运用上，又主要是实行单向的大规模投入大型基础设施建设方面。这就导致其难以发挥对产业结构调整和优化的效应。

以大规模刺激计划为主、短期保增长稳增长的财政政策为导向的政府干预行为，还加剧了中国现阶段的产能过剩，极大地削弱了中国产业结构调整与优化升级的内生动力。中国各级政府长期以来偏好于采用短期大规模的刺激计划与投资，来应对外部环境变化以及经济波动对中国经济造成的负面影响，以实现短期内经济保增长的目标。但这往往会造成短期内重化工业等能够创造更多 GDP 且需大量固定资产投资的产业部门巨大产能的进一步扩张，进而造成这些产业部门的产能过剩。另一方面，各级地方政府出于迎合中央政府的宏观政策目标的目的，同时为有效促进本地区经济发展以及增加区域的整体福利、缓解社会就业问题，会相应地制定区域优惠政策，从而很大程度上降低企业的投融资成本，导致部分行业过度投资，从而削弱了区域经济结构的内生调整动力。

由此可见，以上这些问题的存在，使得生产力的进一步发展受到严重的制约，成为中国未来改革所要关注的重点。

通过前面几方面的分析，我们可以得到这样的逻辑结论：供给侧结构性改革的理论思维和战略举措，其理论基础既不是供给学派，也不是拉美结构主义，更不是新自由主义；而是马克思主义基本观点和方法论在新常态下的具体运用，是中国特色社会主义政治经济学在新的历史时期的发展和创新，它标志着中国经济工作的指导思想和发展战略进入了一个新的阶段。其目的是通过改革生产关系，解放和发展生产力，促进中国社会主义制度的自我完善，为跨越中等收入陷阱，到2020年全面实现小康社会创造条件，为中华民族的伟大复兴奠定更坚实的制度基础和物质基础。

第三章

供给侧结构性改革的基本原则、重点方面及政策着力点

◇◇ 一 供给侧结构性改革需要遵循的基本原则

为了实现供给侧结构性改革的目标，针对生产关系的种种问题，需要在“四个全面”战略布局的指引下，减少政府对经济的不当干预，让市场居于主体作用，发挥决定性作用，通过改革创造新供给。因此，在改革的过程中，需要遵循以下一些基本原则。

1. 社会主义原则。

供给侧结构性改革是新常态下解决供求矛盾的总纲领。社会主义的本质是解放和发展生产力，实现共同富裕。这个目标的现实体现就是创新、协调、绿色、开放、共享五大理念。创新是发展生产力的根本手段，协

调、绿色、开放是发展生产力的途径和要求，共享是发展生产力的终极目的，即实现共同富裕。供给侧结构性改革必须要在这五大理念的指引下，坚持社会主义道路的大方向。

2. 从增量改革向存量改革过渡。

在以量的提升为导向的发展理念下，中国以往的改革主要是在增量的意义上进行的，以提升供给数量为基本目标。为了借助市场的效率，在保持原有利益格局基本不动的前提下，引入新的增量，提升总量。1998 年亚洲金融危机之后，面对出口受阻、增长乏力的情况，中国的政策着力在需求侧，通过扩大内需来拓展产品销路，以保证增量改革的顺利推进。但是，这种需求侧的管理在扩大了增量的同时也拉动了原有的存量上涨，使得原有的生产结构进一步固化。新常态下，消费者的需求已经从量的提升到质的提高，个性化明显，对经济结构调整提出了新要求。而这种增量改革的方式就难以与新常态的要求相适应了，这就迫使我们需要从存量改革入手，调整利益格局，将不适合需求的无效供给退出，化解产能过剩，加大要素资源流动，将要素资源引向新的领域，改造传统产业，创造新供给，以满足人民的个性化品质需求，通过生产结构的调整，改变收入分配状况，实现共同富裕。

存量改革领域的一个关键就是国有企业改革。借助行政垄断和自然垄断的力量，在总需求刺激的政策下，国有企业经历了巨大的发展。这一方面是增强了国有经济的控制力，强大了社会主义制度的经济基础。但另一方面，由于国有企业主要集中在上游产业，就可以利用自身的定价权干扰市场，获得超额租金。这致使下游民企资源配置受到扭曲价格信号的影响，效率降低，创新动力不足，在一定程度上削弱了经济发展的活力。因此，这就要求我们必须打破领域限制，在存量上进行混合所有制改革，进一步整合国有资产，促进国有经济和民营经济的协同发展。

3. **将化解产能过剩和创造新供给的指挥权还给市场，政府不要划定领域，指定任务，需要的是退出那些不当的干预。**

在存量改革中，主导权需要交给市场。产能过剩是一种市场结果，是市场不能自由将资源转移到新兴领域。界定产能过剩，需要由市场来决定，不能简单由政府判断。在创造新供给中，政府干预会使得问题更为严重。因为政府并不能比市场更好地判断什么是新供给。通过政府刺激方式发展新供给只会产生新的产能过剩。

造成产能过剩的重要原因是资源要素市场化改革滞后，从而使市场机制作用未能有效发挥，落后产能退出渠道不畅，导致产能过剩矛盾不断加剧。同时部分行业产能过剩也与政府干预市场有关。一些地方过于追求发展速度，过分倚重投资拉动，通过廉价供地、税收减免、低价配置资源等方式招商引资，助推了重复投资和产能扩张。

鉴于产能过剩行业市场供需出现了严重矛盾，要完成化解产能过剩的任务，就必须要强化以市场需求为导向。一方面，运用市场机制，通过拓展国内外需求来消化产能，通过市场竞争引导落后产能退出；另一方面，要调整生产要素和资源向战略性新兴产业转移。这既依赖于政府职能的转变，又凸显出地方投融资体制改革的必要性和紧迫性。

在淘汰落后产能的过程中，要防止过去那种生硬的通过行政手段进行干预的方式。把化解产能过剩作为政绩考核指标或者任务化解到各级政府的做法是有问题的，正确的做法应该是发挥市场机制在配置资源中的决定性作用，形成市场对过剩产能特别是落后产能和绝对性过剩产能的“倒逼机制”，加快使其退出。其次，在淘汰过剩产能的过程中，还要防范失业的风险。特别是那些劳动密集型的产业和企业，在过剩产能化解过程中，应研究如何合理安置这些剩余劳动力。政府应发挥作用，做到既化解过剩产能，又不引起社会动荡。这在政府面临财政困局的情况下，显得尤为突出。由于存在财政困局，政府用于公共开支的资金增长速度有限，因此应该适度控制淘汰过剩产能的节奏，防止运动式行政干预给社会稳定和财政安全造成过度负担。

4. **在国内国外两个大局中，先以国内改革，逐步放开资本账户，防止迅猛的大开放。**

新常态下中国将面临大开放的格局，考虑到国内国际两个大局联动性强，因此，资本项目的开放不能急于求成，而应逐步推进。自从2000年中国加入WTO以后，在货物和商品贸易上呈现了迅猛的开放势头，货物贸易量已经成为了世界第一。在新常态下，中国的开放将会更进一步扩展到资本项目。在推进“一带一路”和“21世纪海上丝绸之路”计划的过程中，中国需要以资本为纽带，加大企业走出去的力度，以资本合作带动产能合作，促进经济发展。资本项目开放之后中国就将遭遇“不可能三角”问题。我们需要在资本自由流动、固定汇率和独立货币政策中进行选择。为此，中国进行了汇率市场化改革，在有管理的体系中发挥市场对汇率的决定作用。但是，在国内进行供给侧结构性改革的过程中，由于存量改革需要时间来调整和适应，会发生经济增速的暂时性下滑等问题。虽然实施有管理的汇率体系，但是，在短时间内还是会有较大波动，这就会诱使资本流动加速，并使得国内金融机构因为资本流出发生被迫性地降杠杆，拉低国内资产价格，进一步使得汇率波动加剧。在这样一个循环过程中，金融体系等难以稳定，会牵制进一步的改革。为此，在目前资本账户还可控的情况下，需要逐步放开，而不是在国内基础和汇率市场建设不健全的时候盲目开放资本账户，最终阻碍国内改革的进行。

5. 在全球大环境中需要对各经济体加以区别对待，以促进供给侧的结构性调整。

在国际大格局中，美国、日本、欧洲地区和新兴市场国家不同的政策考虑将为中国结构调整提供外部机遇。美国以军事霸权和技术创新力为基础，提供了全球最多的安全资产，因此，美元在未来一个时期将仍然维持强势地位。同时，美国为了解决政府债务问题，还将利用强势美元进行经济再平衡。因此，在超级铸币税的推动下，美国再工业化中产生的智能制造业还是会向外转移，本土留存更多的是与之相关的高端服务业。欧洲目前的区域内贸易增速超过了对外贸易增速，未来将更侧重于内向型政策。日本受困需求不振，增长的持续性面临极大挑战。新兴市场国家受制于世界经济复苏缓慢的大环境，为了各自的利益，相互竞争加剧，难以形成有效合力。

这种大环境下，国际贸易将会维持低速增长，国际投资将更多向欧美汇聚，大宗商品价格承压。因此，中国供给侧结构性调整需要因势利导，在大宗商品价格不振的条件下，发挥中国的成本优势，把握以下三点：（1）加强与美国高科技企业合作，努力承接智能制造业转移，攀升国际价值链；（2）积极参与欧洲的基础设施投资计划，输出能源、建材等领域的过剩产能；（3）在国际资本流出的环境下，加大对新兴市场国家投资，整合中国的原材料产业链，以资本优势巩固传统制造优势。

6. 适度扩大财政赤字，稳定总需求，以市场机制培育新兴产业。

收入是产业结构升级的拉动力，因而稳定增长是转型的重要推动力。未来中国从调整结构的角度，也需要经济增长维持在一个合理的水平。在较长一段时期内，稳增长的关键还是稳定投资。在经济增速下降时期，消费对于 GDP 的拉动作用增强，更多是由于投资增速下降而造成的被动改观，具有一定的误导性。依靠消费推动经济增长并不牢固，还只能是未来很长一段时期之后的可能选项。要稳定经济增速，提高企业盈利空间，还是需要稳定投资。

在经济下行压力下，如何稳定投资又不会造成新的扭曲？经济下行期间私人部门总需求不足，政府需要通过积极的财政政策，扩大财政赤字，稳定总需求增长速度，为经济转型赢得时间、创造空间。因此在未来几年内，我们应该容忍财政赤字在一定规模内的扩大。

除此之外，还需要改进政府鼓励私人投资的方式和方法。在传统的政府“引导”模式下，政府制定了很多特定的行业发展规划。这些行业发展规划往往规定，凡是属于鼓励的行业，就可以享受到相应的税收、土地和融资等方面的优惠。这就扭曲了市场对行业的选择，不利于市场效率的发挥。在以市场为主导的结构调整模式下，政府应该做的是将选择权交给市场，关注特定技术而不是特定产业。

产业政策要为市场发挥作用创造良好环境，政府要关注重大技术而不是特定产业。政府自己决定应该发展什么产业，每个产业应该怎么发展的思路干预了企业的决策，导致企业为了获得相应的税收、土地、融资等方面的优惠，不再考虑市场供需状况，而是跟着规划走。违背市场规律、不当行政干预等非市场化发展途径和监管手段，同样使一些地方的战略性新兴产业发展受到了市场的“惩罚”。比如光伏、风能等新能源领域，在地方政府的补贴政策鼓励下，一度造成了投资过热、产能过剩，并带来了恶性市场竞争。因此，越是前景可观、越是社会和投资者关注的领域，政府就越应该放松干预，让企业自主把握市场，避免重蹈蜂拥投资和产能过剩的老路。

◇◇ 二　供给侧结构性改革的重点方面

供给侧结构性改革是一个系统性工程，需要做的事情千头万绪。中国生产关系中存在的诸多问题，都需要通过改革来解决。但在纷繁的工作中，我们需要分清主次，在明确供给侧结构性改革目标和思路的基础上，从一些重点方面开启。

1. 将人民币建设成为新兴市场国家的区域性货币，通过获取铸币税降低企业成本。

加入 SDR，标志着人民币国际化进入了新的阶段，但当前我们还不具备和美元直接竞争、成为世界储备货币的能力。2016 年 1 月，人民币在全球支付的份额为 2.45%，虽然稳居第五大货币，但是与美国相比还有较大差距。虽然这种差距蕴含了很大的发展空间，但是，在短时间内人民币要想成为与美元等量齐观的国际储备货币，难度很大。根据传统观点，因为网络规模报酬递增性质，一旦一种货币成为某个区域广泛使用的货币，就会逐渐成为唯一广泛使用的国际货币。网络规模报酬递增会抵消使用单一货币进行交易和储备带来的很多副作用，例如，储备货币国的央行与货币使用国不在一个时区，导致为货币使用国提供流动性存在着时间上的困难。因此，网络规模报酬递增的巨大威力，使得先行者优势很重要，一国货币一旦成为国际储备货币，就具有自然垄断性质，他人难以挑战。当然，在现代技术条件下，网络规模报酬递增优势下降，金融市场中各种货币转换成本并不大，这就允许在跨境贸易中使用几种货币。这为人民币国际化提供了空间。但是，因为美国的先行者优势、金融市场的深度和流动性、美国和其他地区紧密的商业和金融纽带、地缘政治和军事实力，人民币成为世界性储备货币还有漫长的道路。这可以成为我们的长远目标，但是需要一步步来建设。在未来一段时间，我们需要在加强对新兴市场国家投资的大方向下，加大资本账户中对这些国家的人民币输出，使人民币成为整合这些国家产业的计价货币，更大程度地获取人民币铸币税。考虑到新兴市场国家很多是中国的原材料来源地，人民币作为计价货币将降低中国的原材料成本，创造新的供给优势。

2. **以提高国内产品标准为手段，倒逼制造业升级，推动企业兼并重组，促进存量改革。**

随着收入的提高，人民对产品品质的要求日益提高。当前国内产品标准低，产品安全问题屡见不鲜，导致大量购买力向海外转移。因此，提高产品品质，调整产品结构，正是供给侧结构性改革需要发力的地方所在。为此，国家可以强力实施高要求的国内标准，倒逼制造业升级，达不到标准的企业必须退出，集中优势资源。但对这种做法通常的担心是，高标准是不是会使得企业负担加重、成本提高。其实，国内产品标准提升，吸引国内消费者，国内消费市场规模会扩大。在扩大了的市场规模中，通过资源再配置过程，随着优质企业规模扩大，规模经济和标准倒逼的创新会抵消日常担心的品质上升而产生的额外成本。当然，为了实施高品质消费战略，现行市场监管体制需要变革。目前，质量标准检查等权力在现行分税制下部分集中在地方政府手中，地方政府往往以此为手段，招商引资，促进本地短期的经济增长，但却也危害了全社会的竞争力。

3. **在要素成本上升的大环境中，规模经济、范围经济和创新是未来降低企业成本的三大动力。**

供给侧调整的核心是降低成本。中国的产能过剩除了周期性等因素外，重复建设、成本高企导致难以产生有效需求也是一个重要方面。在劳动等要素成本上升的大趋势下，企业竞争力降低也就部分表现为行业产能过剩。僵尸企业吸纳社会资源勉强为生，进一步降低有效供给而推高社会成本。企业成本、产能过剩和僵尸企业问题就形成了一个逆向循环，严重拖累中国经济。为了降低成本，适应需求升级，中国供给侧结构性改革不能简单从要素市场改革入手降低成本。原因在于，推动要素市场一体化确实可以在短时间内降低成本，提高有效供给，促进结构升级；但随着人口红利消失，环境约束加大，中国的总体要素成本随着经济发展必然进入上升通道，要素价格市场化带来的短时价格下降难以抵挡长期趋势。考虑到可以通过提高生产率来抵消要素价格上涨，降低企业成本。那么，在要素价格呈上行趋势的前提下，只有在供给侧实现规模经济、范围经济和创新，生产效率才能提高，从而在抵消要素价格上升的同时降低成本，提高供给质量和效率，促进结构调整。中国的优势在于我们的经济体量、生产能力，这种规模优势是任何一个制造业为主的国家都不具备的，我们需要发挥规模产生的比较优势，提高效率。

4. **以制造业高端化为主要着力点，提升产业结构，带动服务业发展。**

供给侧改革的一个目的是要提升产业结构，发展新经济，改造传统产业。但是需要注意的是，提升服务业不能脱离制造业，而是要在二者的融合中发展。通常我们认为一国经济会从制造业向服务业转移，但是，第二次世界大战后成功跨越中等收入陷阱的国家情况分化非常大。例如，韩国等制造业比重并不随着人均收入提高而降低。这种新情况的出现是因为当前全球经济正在从产业间、产业内分工逐步向产业链分工转变，各国均可凭借比较优势找到自身在产业链中的位置，并不必然会重复农业到制造业到服务业的道路。产业结构转型的道路更加多元化，因此，如果强行推动服务业升级，容易导致制造业的人为衰落，产业空心化，降低经济增长。在产业结构问题上，不能简单以美国为标准。美元的国际地位创造了美国服务业的竞争优势，这是我们短时间内难以撼动的。中国需要从制造业大国的实际情况出发，以新技术改造传统制造业，以制造业高端化为切入点，带动相关服务业发展。

5. 有序废止审批权，改革工商等监管体制，加强事中事后监管，进一步简政放权。

现在简政放权的一个手段是审批权下放，期望在当地审批提高效率。但是，审批权下放之后还是审批，市场的活力还是受到抑制。当前需要进一步通过废止部分审批权，来实现真正的简政放权。中国的改革走的是先产品市场、后要素市场的道路。审批权在要素投入、投融资中的约束作用尤为明显。在要素市场垄断，而产品市场竞争的环境下，企业要盈利，就会在政府掌握的要素市场端行贿。这一方面带坏了社会风气，另一方面也提高了企业成本。只有废止部分审批权，才能根本性解决问题。政府权力需要向后移动，以监管代替审批，发挥企业自由兼并重组、要素资源再配置的能力。这就要求我们积极推进工商等领域的监管改革。

6. 利用城乡收入差，通过新产业带动新型城镇化发展。

城乡收入差距是全面建成小康社会的巨大阻碍。2015 年，城镇居民人均可支配收入 31195 元，中位数为29129元；农村居民人均可支配收入11422元，中位数为10291元。城乡收入差距接近3倍。在巨大的差距中，还有5000多万贫困人口。但是，这种较为巨大的差距也为中国发展提供了巨大的空间。2015年城镇居民人均消费支出21392元，农村居民人均消费支出9223元。城乡收入的巨大落差，将会更大地激发农村就地加快进行城镇化建设的内生动力，或者激励农业劳动力向现有的城镇转移的冲动。从而促进新型城镇化的发展。

但是，需要注意的是，新型城镇化建设的核心是产业化，没有产业支撑的城镇化只能是空中楼阁。因此，新型城镇化的过程中，不能再囿于过去那种简单地将农村人群吸引进城镇的城镇化思维，而应该按照供给侧结构性改革的精神，在推进农业的产业升级和城市的产业转移中实现新型城镇化。具体来看，就农村的城镇化建设而言，可以利用互联网等技术将农业等传统产业升级，发挥聚集优势和规模经济，带动农村产业融合发展，从简单农业走向现代产业，从简单制造走向现代制造。就农村劳动力向城镇转移而言，可以通过现有小城市承接中心城市的部分拥挤产业来加快推进小城市的产业化建设，以产业的壮大来接纳从农村转移到小城市的人口，推进新型城镇化步伐。

7. **区域再平衡提供了巨大的结构调整空间和动力，需要以新产业积极融入国际价值链。**

中国巨大的区域差距为经济提供了广阔的回旋余地，借助区域再平衡，通过原有产业的转移，会带动地区和全国经济。但是，这还只是表面上的调整。在新常态下，更为需要的调整是发挥后发优势，积极融入国际价值链，使那些新的协同发展区域成为新产业的发源地。长江经济带和京津冀协同发展是这个调整中的重要支点。建设好长江经济带和京津冀城市群，需要上海和北京发挥创新中心作用，带动长三角和天津、河北的高端制造业发展。从目前的现实情况来看，虽然上海和北京有着得天独厚的创新基础，但是，各大企业一般都将研发中心作为费用中心、制造部门作为利润中心，这就导致如果制造业脱离上海和北京，这两个地区的税收就会大幅度降低。而地方政府之间的税收竞争就阻碍了高端制造业从上海和北京的外流。因此，在产业的协同中，财政体制将发挥重要作用，需要通过财税体制的改革来推动制造业空间的重新布局调整。

8. **调整当前财政体制中的财权事权，完善分税制。**

中国生产关系中的一个重要问题是财税体制。长期以来，中国地方政府形成的“高支高收”的财政收支行为模式，尤其是自更深层次的1994年分税制改革以来逐步形成的纵向财政失衡加剧的财政体制，这严重限制了市场在供给侧进行结构调整的活力，为此必须进行相应改革。促进中国经济结构调整的财政体制变革的根本在于确立一个最优的可持续的分权模式，基本思路和总体方向应明确为：适当下放财权、上移事权、控制财政转移支付规模，形成收支责任更为匹配的分权格局。具体而言，中央政府可采取如下改革措施以优化完善中国财政管理体制。

（1）事权划分应采取“有收有放”、总体集权的做法。

目前，中国地方政府一方面承担的支出事务过重；另一方面很多支出事务特别是社会性支出事务属于中央委派事务，地方自主权较为有限。今后，应考虑：第一，制定地方基本公共服务水平的全国最低标准，强化执行监督，在此基础上减少对地方政府财政支出具体用途的过多限定，实现事权与支出责任相匹配；第二，将基础教育和公共医疗卫生等社会性支出责任适当上移，提高社会保障的统筹层次，逐步实现由省级和中央政府统筹，切实减少县级地方政府承担的繁重社会性支出事务；第三，重点解决中央与地方投资权的划分问题，将投资权适当上移，严格限制地方政府在竞争性和生产经营性领域的投资权，有效规范地方政府的投资行为。

（2）财权划分应采取“有收有放”、总体分权的做法。

目前，中国中央与地方财政收入责任划分方面，不仅存在着向地方总体放权不够的问题，还存在着较为突出的分权结构不合理的问题。今后，应考虑：第一，在规范地方财政收入体系的基础上，将土地出让金纳入中央与地方收入共享范畴（可采取中央与地方二八分成的做法），以有效规范地方政府的土地财政行为、遏制地方政府对土地财政的过分依赖；第二，加强地方资源和环保收入体系建设，使其成为地方一个稳定的收入来源，也有助于促进资源和环境友好型社会的建立；第三，结合“营改增”的推广，适当提高增值税和所得税的地方分成比例，可考虑由现在的25%和40%分别提高到45%和50%，同时引导地方财力更多地向县乡基层政府倾斜——可考虑将增值税和所得税的地方分成部分的40%归为县乡基层政府；第四，在地方收入自主权有限以及地方政府治理体系尚不健全的情况下，应审慎考虑地方政府举债权的问题，不宜操之过急；对现有的地方政府债务可通过建立行政问责与市场约束（以银行信贷监管为主）相结合的复合型管理制度加以管理和控制；同时也应规范中央政府行为，避免中央政策转嫁带来的地方政府债务累积。

（3）财政转移支付应控制规模、优化结构和资金分配方法。

目前，中国财政转移支付的规模增长偏快，种类偏多，均等化作用和激励约束作用较弱。今后，应考虑：第一，在合理安排财政收支责任的基础上，严格控制财政转移支付的总体规模，遏制地方政府对中央财政转移支付的过度依赖；第二，控制专项转移支付规模，整合各类项目，加大向中西部地区和民生领域的倾斜力度，提高资金分配的透明性和科学性，有效发挥专项转移支付的政策导向作用及其对地方政府行为的规范和约束作用；第三，应逐步取消税收返还，将资金全部用于均衡性转移支付，建立均衡性转移支付资金稳定增长机制，完善均衡性转移支付的资金分配方式，在强调资金分配公平性的基础上，注重激励约束机制的设计；第四，在推进和完善省直管县财政管理体制改革的同时，着手建立健全中央直接对县的财政转移支付制度，完善县级基本财力保障机制，切实化解基层政府的财政困难。

9. 推进金融价格市场化，减缓金融抑制，建立全覆盖的宏观审慎监管体系。

中国金融体系经过多年的发展，已经初具深度和广度。不过，以数量管控为标志的金融抑制政策还存在。这种政策名义上是为了推动新产业发展，实施定向信贷。不过，从各国的实践来看，定向信贷政策并没有取得良好的结果。这是因为金融体系有稀缺性和弹性两个特征。定向信贷是以稀缺性为思考导向的，认为要将稀缺的金融资源用在新产业。但是，因为金融本身还具有弹性，即自我扩张的能力，不与市场结合的定向调控在弹性的作用下会通过其他金融渠道进入经济，就产生了常见的影子银行问题，使得金融脱离实体经济，产生更大的风险。为此，需要以金融价格市场化为大的方向，逐步放弃数量调控。除了数量调控，中国的金融抑制还存在于多层次资本市场建立不完善，需要加快推进市场建设。

金融价格改革需要在汇率和利率联动的大环境下稳妥推进。中国利率市场化已经完成了存贷款利率的放开，但是，现在政策利率体系还在构建中，这就使得我们对市场利率的控制能力在削弱。在大开放的格局下，我们同时进行着汇率体系的改革，即强化市场对汇率的决定性。在利率汇率联动相互强化的开放环境下，同时进行两个价格体系建设是有着较高风险的。因此，需要在逐步放开资本账户的前提下，先内后外，稳妥推进。

放弃金融抑制政策，推进价格型金融市场体系建设带来了对中国监管体系的挑战。在价格型体系下，监管套利是一个非常严重的风险。中国现有监管体系以微观主体为导向，银行、证券、保险分离。但是，因为金融体系业务具有很强的弹性和交叉，金融创新在互联网等新技术刺激下大规模涌现，这就导致了不同部门之间资金流动规模大、速度快。多头监管在理想情况下也只能保证微观意义上的风险消除。但是，因为新的金融主体监管机构不明确，例如在互联网金融领域等，加之不同金融部门监管套利等，致使系统性风险大幅度上升。这就需要加快建立全口径覆盖的宏观审慎监管体系。因为这种风险的一个来源是利率、汇率价格改革，为了保证政策的连续性，央行需要牵头完成宏观审慎框架的建立。

三　供给侧结构性改革的政策着力点

为了有效地推进上述供给侧结构性改革的重点领

域，需要良好的政策配合。中央制定了宏观政策要稳、产业政策要准、微观政策要活、改革政策要实、社会政策要托底的大原则。为此，在实践操作中需要注意这样几个着力点。

1. **为了配合供给侧结构性改革，宏观上需要有选择性地主动加杠杆。**

要进行供给侧结构性改革，就需要给企业空间。我们不能再主动执行“一刀切”、全社会性的去杠杆，而是要对不同部门选择性加杠杆。如果是全社会性的去杠杆，就会导致大范围的资产负债表调整。这个时候，企业或者减少投资、降低资产增速，或者是出售一部分资产来修复资产负债表。这两种方法都会对经济产生严重的外部性，减低总需求。经济下行压力使得我们的目光主要关注在短期，会阻碍改革的进行。宏观政策要稳需要适度扩大总需求，为改革留足时间和空间。扩大总需求就需要有部门提高支出，扩大资产量。这就必然要求有些部门的杠杆率是上升的。根据中国的实际情况，在结构性调整过程中，需要政府、中央银行或者家庭部门加杠杆，扩大支出，为社会提供流动性，给企业提供兼并重组、发挥规模优势的空间。

2. **发挥市场的决定性调节作用，产业政策定位于市场失灵。**

成功的产业政策更多的应是发挥市场力量在产业发展中的关键性和基础性作用，而政府仅仅作为市场失灵的补充。实现这个目的的最为行之有效的办法就是找到产业发展中存在的市场失灵。一般来说政府需承担起推进通用技术发展的责任。这是因为这类技术在产业发展过程当中具有很强的外部性特征，有些甚至具有公共产品的特性，导致企业对它的研发投入不足，以致难以达到社会最优水平。在政策实践上，最能体现这点的就是美国。

20 世纪 80 年代以来，由于国际竞争日趋激烈，特别是日本和欧洲对美国形成强大压力。老布什在 1990 年的《总统经济报告》中涉及政府对经济发展的作用时强调指出："我仍然强烈反对任何产业政策，按照这种政策，是政府而不是市场将选择优胜者和失败者。""必须允许资本自由流动到'能生产最佳效益'的地方。私人资本市场受寻求最高回报率的驱使，把预期效益的不成功的投资铲除掉。因此市场是投资机会最好的裁判，成功和失败在竞争性市场中能够得到最好的裁决。"克林顿执政时期主张联邦政府制定具体的技术政策以促进美国制造业的复兴，1993年作了《技术促进美国经济增长，创建经济强国的新方向》的报告，强烈主张联邦政府对技术开发进行投资。美国商务部推行了先进技术计划（ATP），目的是在高技术产业中加速新技术的开发，制造技术推广伙伴计划（MEPP）；目标是帮助各州支援小公司采用最好的生产工具和方法。在国防部，技术再投资计划（TRP），推出了军民两用技术的创新，并且承诺推进国防工业的转轨。环境保护署则提出环境技术倡议（ETI），帮助产业创造更有效的、减少污染的制造工艺。这些政策取得了较好的效果。

从上述政策可以看出，美国在促进产业发展中主要针对的是基础科研等具有外部性的研究。因此，不是由政府选择行业，而是由市场选择。政府推动的是一般性技术的研发和使用。

3. 政策要与市场激励相容。

改革政策要落到实处，重要的是要与经济主体激励相容。中国的很多政策之所以落地很困难就是因为虽然有好的初衷，但是与经济主体的激励不吻合。例如新能源汽车骗补等事件表明，政府希望激励消费者购买新能源汽车，但是结果是企业利用政策瑕疵进行套利、骗补。改革措施的出台，顶层设计更需要与市场沟通，要加强对市场的预期管理，对社会作出积极回应。政府与市场机制激励相容的核心是利益共享。政府更多的是在市场中发挥引导作用。例如，政府可以通过注入部分资金的方式来启动民间投资。通过让民间资本发挥在市场中的活力，政府可以更好地筛选新经济的形态。

4. **着力构建宏观经济自动稳定器和社会安全网。**

供给侧结构性改革会更多地将决策权交给市场。因此，在这个过程中，政府要做的是提供维护市场稳定运行所需要的基础设施。最为重要的就是能够平抑经济周期、稳定经济的宏观经济自动稳定器和帮助市场平稳转移资源的社会安全网。只有经济稳定了，才能为供给侧结构性改革创造好的环境。正如前面我们对生产关系的不足中所描述的，中国一个重要的问题是宏观调控中政府的积极行动与结构调整之间往往存在一些矛盾。为此，就需要建立市场内在的自动稳定器，通过完善累进的个人所得税和失业保险，维护市场稳定。同时，因为结构调整就是资源的再分配，这就会导致出现不同部门资源转移中的失业等问题，这就需要政府来加大社会安全网建设，为资源转移可能带来的风险兜底。

下 篇

问题与对策

第四章

当前“去产能”战役可能面临的困局、风险及对策

供给侧结构性改革战略举措的一个重要任务就是“去产能”，通过扎实推进“去产能”工作，来消除中国实体经济部门当前出现的产能过剩以及由此带来的其他问题，从而重塑中国经济可持续增长的内生动力。为此，从中央到地方都相继出台了一系列的措施。但是，这些政策措施是否可行、能否得到真正落实，尚有待于实践的检验。在这里，我们从理论和现实的层面，探讨一下这场“去产能”战役在具体实施过程中可能遭遇的困局、面临的风险以及相应对策。

◇一 当前“去产能”工作可能遭遇的困局

当前各级地方政府在贯彻和落实中央“去产能”的战略部署过程中，由于特定的条件约束以及内外环境的制约和影响，可能会出现某些变异性、扭曲性行为，从而使得地方政府在落实中央部署的“去产能”工作中陷入某些困局之中。具体表现为：

1. 去产能工作与地方政府在多个层面可能存在程度不同的利益冲突，造成地方政府缺乏去产能的内在激励机制；在清理僵尸企业的工作中会面临种种阻力和挑战，可能导致地方官员的畏难情绪、惰性心理乃至“懒政怠政”等不作为行为的产生。

在当前的现实背景下，“去产能”工作与地方政府可能在多个层面存在利益冲突。其中较为突出的表现有：一是“去产能”或多或少会拖累当地 GDP 的增速，会影响地方官员的政绩；二是会冲击当地的就业，影响社会稳定；三是会减少地方财政税收，影响地方财力。对于不少“去产能”的重点地区来说，过剩产能产业往往是该地区的主要支柱产业，虽然这些过剩产能企业的经营当前存在困难，但是其或多或少仍然是当地GDP、财政收入的来源以及就业的重要支撑。出于维护本地区经济增长和财政收入来源的动机，面对地区失业社会风险的压力，特别是在担忧本地区无法获得新产业发展机会的前提之下，各级地方政府针对中央“去产能”战略，或多或少会存在等别的地区将过剩产能去除之后本地区产能就不过剩的观望心态和思维定式。这在一定程度上可能会激发地方政府官员倾向于采取“比谁能熬”的博弈策略，希望通过拖延本辖区的去过剩产能工作，尽力保住当地的过剩产能。

各级政府在处置过剩产能和清理“僵尸企业”的工作中，在一定程度上可能会面临种种阻力和挑战。无论是“去产能”还是清理“僵尸企业”，地方政府都必然要面对各种原有的或潜在的利益矛盾和冲突，其难度不可低估。特别是针对由此所引发的失业、转岗等问题，即便中央和地方财政资金充分到位，能对失业、转岗工人进行基本的安置、补偿，但在现在普通民众维权意识、维护自我利益的意识日益提高的情况下，甚至在“物质利益至上”的社会风气影响下，民众可能产生对自身利益的一些不合理诉求，从而造成他们的诉求日益复杂化，政府难以简单加以满足的困局。一旦出现这种局面，安置和转移失业工人的成本和难度必然会大幅度提高，这无疑会增加政府的财政负担、工作难度以及“不干事不出事、要干事必惹事”情绪的产生，造成地方政府官员的畏难心理和“懒政怠政”心态。

2. **如果采取行政化的手段和思维来处置过剩产能和“僵尸企业”，而不是因地制宜、以市场为导向的去产能工作思路以及具体操作方式，在中国当前的复杂的经济和社会环境下，可能会使得“去产能”工作发生一定程度的扭曲和变异。**

（1）在中央“八项规定”和“三严三实”的大环境以及大范围简政放权的制度约束下，地方政府官员利用对微观经济部门的行政权力和关键要素控制权力来进行寻租的空间越来越小。但是，由于当前对政府官员行使行政权力的有效监管监督机制尚不健全，各地方政府官员利用行政权力和关键要素控制权力来进行寻租的基础条件还存在。在某些长期面临财政入不敷出甚至连公务员工资都发不出来的地方政府，同时也是去产能的重点地区中，既可能会诱发地方政府挪用中央或上级政府用于处置过剩产能和“僵尸企业”的各种专项财政资金的动机和行为，甚至也可能会激发某些企业和地方官员之间形成合谋或勾结的动机，将“去产能”工作变异为套取中央政府财政资金或优惠政策的“圈钱”或“分肥”游戏，造成“去产能”工作中腐败寻租活动的发生，从而对中央部署的“去产能”工作形成扭曲和变异。

（2）针对产能过剩行业中不同性质的企业，地方政府可能出现偏向性的处理倾向，导致“去产能”工作对市场资源配置效率造成进一步的扭曲。值得关注的是，造成这一轮中国特定行业产能过剩的重要原因之一，是以往许多地方政府偏好于将中央国企以及地方国企作为大项目招商引资的政绩观所驱使，结果容易获得银行贷款以及能够获得较低融资成本的中央国企以及地方国企，事实上成为资本密集型的重化行业产能扩张最快的经营主体之一，这既造成国有企业是本轮产能过剩形成的重要推手，也就必然成为本轮“去产能”工作的重点对象。这种情形下，某些地方政府可能出于地区GDP、地方财政收入来源、维护本地区就业安全等考虑，会通过各种显性或隐形的优惠政策，支持本地区经营不善的国有企业通过经营绩效的短期改善，来逃避“去产能”的任务。甚至可能会鼓励这些效率低下的国有企业，利用中央“去产能”的优惠政策，去兼并重组那些经营遇到困难的企业，这既使得该地区并未真正将那些落后产能予以淘汰，又可能使得低效率的国有企业部门产能的进一步扩张，造成市场资源配置效率的进一步扭曲。相反，另一种可能的极端倾向是，为了尽快落实中央“去产能”的工作任务，违背市场原则，采取各种优惠政策手段来诱导民营企业去兼并重组那些经营遇到困难的国有企业，这种以谋取政绩为驱动力的“去产能”做法，显然会进一步加剧产能过剩，弱化市场的资源配置效率，最终导致中央“去产能”工作无法真正得到落实。

3. **国内外市场环境的短期波动性，可能会造成某些过剩产能产品价格在短期内出现波动或者上涨的现象，或者因为去产能工作取得了初步成效，使得过剩产能产品的供需关系发生改变，造成某些过剩产能产品价格出现上涨趋势的苗头，这就可能会对地方政府处置过剩产能和“僵尸企业”的决策产生干扰效应。**

一方面，由于煤炭或钢铁等这些大宗产品受国内外市场环境的影响，其国际价格常常产生较大的波动乃至短期上涨的现象，这对中国当前最为突出的钢铁和煤炭等重点产能过剩行业的“去产能”工作，可能会造成不可忽视的干扰。这使得地方政府将过剩产能产品价格在短期内出现的波动性变化，误判为长期内发生的确定性上涨趋势，造成地方政府对处置过剩产能和“僵尸企业”的必要性产生错误判断以及实施动力的弱化，进而对中央部署的“去产能”工作造成延误或阻碍。

另一方面，随着各地对中央部署的“去产能”工作的落实和推进，某些过剩产能产品价格由于供需关系发生变化而呈现周期性上涨的苗头或态势，导致“去产能”的外部市场环境在短期内出现“回光返照”式的向好假象，从而弱化企业处置过剩产能和“僵尸企业”的动力，甚至催生新一轮的企业投资扩张和过剩产能，阻碍生产要素向新供给产业转移。

◇二　当前“去产能”工作推进过程中可能面临的风险

1. **债务风险以及可能引发的银行体系金融风险。**

目前，中国仅四大产能过剩行业（煤炭、钢铁、有色金属和水泥）的有息负债存量就达 5.4 万亿元，其中银行贷款 2.8 万亿元，债券 1.6 万亿元，信托等非标约

1 万亿元。[①] 从目前的情况来看，钢铁、水泥、电解铝、平板玻璃和船舶这五大产能过剩的重点行业的产能利用率大约在 50%—75%，而根据国际标准正常产能利用率应在 79%—83%，这意味着五大产能过剩行业面临着大约 8%—35% 的产能将被淘汰。假定五大行业整体的产能去化率约为 11.2%，按照约 5 万亿元的总贷款规模计算预计将产生不良贷款约 5700 亿元，相应的提高银行不良贷款率约为 0.8 个百分点，对未来两年银行利润的影响为大概降低 16%—17% 的盈利点（按照 100% 拨备计提测算）。而且，与地方政府融资平台和房地产的债务问题相比，产能过剩行业的债务处理有着盈利能力差（平均资产净收益率为 1.9%）和负债率高（负债率平均达 67%）的两大劣势。[②] 这些债务将在企业兼并收购、破产重组的过程中如何有效应对？是更倾向于财政救助，还是完全依靠市场化去杠杆？制定政府不对商业银行不良贷款进行“兜底”的原则能否有效？随着中国内外环境的变化，这些解决思路的可行性和有效性均具有高度的不确定性。因此，产能过剩行业的贷

---

① 数据来源：http：//www. fang. com/news/2016 - 02 - 10/19598406. htm。

② 资料来源：http：//vip. stock. finance. sina. com. cn/q/go. php/vReport_ Show/kind/lastest/rptid/2180639/index. phtml。

款资产质量以及“去产能”可能引发的债务风险，将成为银行爆发信用风险的潜在风险点。

2. **失业风险以及可能引发的社会安全风险。**

根据我们的初步测算，中国当前重点产能过剩行业的“去产能”工作或许最终将造成直接性失业约为150万—300万人，2015年城镇新增就业1312万人，相当于城镇就业的0.3%，仅仅从这一数据来看，所造成的直接性失业规模是较为有限的，带来的直接性失业风险也必然是相对可控的。然而，当前重点产能过剩行业的“去产能”工作可能所引发的以下间接性失业风险以及下岗转岗所引起的社会风险，才是需要重点关注的对象。这是因为：第一，考虑产能过剩行业的上下游关联行业由此受到的影响与冲击，造成的间接性失业规模还可能进一步扩大，如果按照1∶1的关联带动系数来看，造成的总失业规模可能就达到300万—600万人以上，这对中国的社会安全冲击以及对政府财政造成的压力不可小觑。第二，即使中国当前就业的总体形势相对平稳，也不可忽视当前“去产能”造成的直接性失业对社会稳定产生的冲击力。从年龄结构上看，此轮去产能过程中可能下岗的煤炭、钢铁以及制造业工人，大都是些步入中年甚至年过半百的人，是很多“上有老、下有小”的家庭的主要支撑。而且，这些行业的工人的技能已经相对老化，重新转岗和接受再就业培训的可能性相对较小。因此，这些结构性失业尤其会放大社会性风险，造成政府政策解决的极大难度以及对政府财政刚性支出的巨大挑战。第三，从中国当前重点产能过剩行业的地域分布来看，北方地区尤其是东北、山西、河南等地区将大概率成为本次“去产能”的核心区域，这些地区相对来说也将承担较大的经济发展风险和失业压力。然而，东北地区以及华北地区这几年的 GDP 增速全国垫底，在新兴战略产业以及高新技术产业的发展方面整体上不具有核心的竞争优势，随着原先过剩产能同时也是当地支柱产业的逐步收缩，很有可能造成“过剩产业已去，新兴产业未起”的经济发展动力的全面断档，这对这些地区的经济发展将更是雪上加霜。这些问题累积到一定程度，就会引发局部地域性的失业风险并带来社会安全风险。

3. **产业转换“断档”和“空心化”“泡沫化”风险。**

在具体落实中央“去产能”战略部署的过程中，地方政府一些特定的变异行为，可能会导致某些地区在处置过剩产能和“僵尸企业”的过程中诱发或放大经济波动和失业社会风险。这具体表现在：第一，“冒险主义”行为造成的产业断档风险。在某些既有的过剩产能行业是当地支柱产业的地区，由于中央政府强力推进“去产能”以及清理“僵尸企业”的压力，在市场还没有培育起替代产业之前，如果某些地方政府就将该地区过剩产能过早过快“一刀切”，则会导致“旧产业已去，新产业没来”的产业断档风险。第二，“冒进主义”行为造成的产业“空心化”风险。在清理“僵尸企业”的过程中，某些地方政府为了获取中央和上一级政府的政策扶持和财政补贴支持，可能会将那些本来符合本地区禀赋优势，具有产业发展基础的、经营暂时出现困境的、能够通过转型升级重焕生机的产业，也作为过剩产能和“僵尸企业”进行清理，而不切实际地试图通过发展高新技术产业或者新兴战略产业作为地方经济发展的替代产业。这在当地人才、技术、金融等高端资源不足以支撑高新技术产业或者新兴战略产业发展，或者这些新产业发展周期较长的情形下，造成地方产业过早过快的“空心化”，同时，也造成高新技术产业、战略新兴产业的“泡沫化”。

4. 产业关联效应，地方官员不作为行为引发的经济和社会风险。

随着地区“去产能”工作的深入推进，一个不可忽略的现象是，由于过剩产能和“僵尸企业”的处置会对本地区已有关联的上下游产业的发展造成冲击，导致相关产业的经营恶化。这种产业关联效应可能导致该地区既有的产业产量急剧下降，造成本地区经济的大幅度波动以及失业的社会风险。

地方政府官员在处置过剩产能和“僵尸企业”工作中，可能会遇到各种阻力，这将会不同程度地让地方官员产生畏难情绪以及“懒政怠政”的不作为行为。从而可能导致处理过剩产能和“僵尸企业”过程中所应有的社会安全网和风险“兜底”机制的构建不完备，也没有积极开展与社会群众事前、事中、事后充分的交流与沟通活动。这在地区经济可能出现陡峭性下滑的状态，会破坏经济的回旋弹性和社会劳动力市场的韧性，引发就业、居民基本生活、经济基本面恶化等一系列社会经济问题，进而引发利益受损群众以及特定利益集团的反对乃至对抗行为，在极端的情况下甚至激化成为社会群体性事件，从而导致放大“去产能”工作引发的社会风险。

◈ 三　当前“去产能”需要重点把握的几对平衡关系

“去产能”是一个系统工程，是一项牵一发而动全身的工作，不可能一蹴而就，因此，不仅需要循序渐进，而且需要把握好多方面的平衡。

1. **政府和市场功能边界的有机平衡。**

产能过剩本质上是市场资源配置不合理的产物，因此，需要依靠市场化的手段才能最终有效解决。但是，从此轮产能过剩的地域分布特征来看，则需要政府主导力量以及中央政府财政“兜底”才能加以妥善解决，这种两难局面决定了在推进和落实“去产能”工作中需要把握好政府和市场的功能边界。

中国此轮产能过剩的形成，本质上是与政府和市场的功能边界不清、政府对微观经济部门不合理的干预过多等密切相关。因此，从中长期来看，要想真正解决产能过剩问题，就是要针对政府自身的功能进行改革，理顺政府和商业经济之间的利益边界，真正从根本上消除诱发中国产能过剩的发生机制。政府的定位是要做市场机制的建设者、市场秩序的监管者以及公共产品的提供者，真正让市场竞争机制在经济结构转型升级中起到核心调节作用，避免计划之手或者政府补贴奖励形式过多直接干预微观经济主体的活动，消除过剩产能赖以产生的体制性土壤，最终达到“去产能”标本兼治的目的。

从中国当前重点产能过剩行业的地域分布来看，北方地区尤其是东北、山西、河南等地区是本次去产能的核心区域，而这些地区本身就是市场机制发育比较迟缓、经济发展相对滞后以及经济发展风险和失业压力突出的地区。很显然，如果将这些重点地区的“去产能”工作完全交给市场，而忽略政府应在“去产能”工作中的主导作用以及财政“兜底”的重要功能，这样的“去产能”工作思路是违背中国的基本国情和现实条件的，也是不可能达到预期效果的。因此，在这些特定的地区，政府仍然需要承担作为“去产能”工作的执行主体，在地方政府财政能力有限的前提下，特别需要中央政府的财政作为主要保障力量。明确政府和市场各自的职责，政府做什么，市场做什么，通过政府主导、市场配合的方式来积极稳妥地推进“去产能”工作。

2. **中央政府和地方政府各自职能的有机平衡。**

当前在落实和推进去产能的过程中，一个突出的难题，就是如何准确把握和有效平衡中央和地方政府在处置过剩产能和“僵尸企业”任务中各自的基本职能。中央政府作为“去产能”战略的顶层设计者，必然是“去产能”的各项具体操作思路的制定者以及各类风险控制和化解的监管者。然而，从中国的实际情况来看，在将“去产能”的顶层设计有效地转化为各地区具体实践的过程中，可能会遇到这样几方面的问题：第一，中央政府将“去产能”的工作甩包袱给地方政府，从而对“去产能”工作的推进造成延误。客观来看，在处置过剩产能和“僵尸企业”的工作中，中央虽然制定了“去产能”的总体战略以及相应的实施细则，但是，出于中央政府层面的自身财政压力、人力不足，以及对地方实际情况熟悉方面的考量，中央政府有动机将“去产能”的主要责任和具体工作全部转移给地方政府来承担和实施。正如我们前面分析的，由于利益的激励不相容机制以及地方政府更为突出的财政压力，多数地方政府既没有动力也没有能力来切实落实和推进“去产能”工作。因此，当前地方政府无法取代中央政府在推动和实施“去产能”工作中的主导性作用和核心责任承担者的身份。第二，地方政府将“去产能”的工作完全推卸给中央政府，依赖中央而逃避自身的职能和应负的责任。从实际情况来看，“去产能”的具体工作，应该由地方政府根据中央的战略部署，依据当地的具体情况以及外部环境，因地制宜地发挥地方政府的主动性、创造性，积极防范和化解由“去产能”以及消除“僵尸企业”可能引发的各种金融、经济和社会风险。如果不高度重视和解决这个问题的话，必然会增加中央部署的“去产能”工作的难度和复杂性。

总之，在当前不少地方政府的债务规模与负债杠杆率已经非常高，而且财政收入增速面临急剧下滑的态势，原先的土地财政依赖体系已经不可维系，不少地方已经长期沦为“吃饭财政”的困境下，需要明确中央政府在处理过剩产能和“僵尸企业”工作中财政资金主要承担者的定位，中央财政资金应该是此轮“去产能”和处置“僵尸企业”的主要资金来源以及社会风险“兜底”资金的唯一来源。否则“去产能”工作很有可能无法推进。

3. **“去产能”和“建产能”的有机平衡。**

对于多数需要实施“去产能”的重点地区而言，

要想获得“去产能”的实际效果，如果只单纯地强调“去产能”，那么，即便实施最为严格的“去产能”政策，也未必能够达到预期的目的，而必须从“去产能”和“建产能”两个方向端发力，才能达到真正根治产能过剩和“僵尸企业”的目的。因为，对于拥有那些特定资源禀赋同时也是“去产能”的重点地区而言，过剩产能往往是该地区的支柱产业，即便“去产能”工作在这些地区取得了显著的成效，这些成效也未必是可持续的。一旦这些过剩产能产品的市场环境稍微变好，在发展本地经济这个最为至关重要的目标激励下，地方政府仍然有动力通过各种手段来扶持这些过剩产能产业的复苏和壮大，从而开始新一轮产能过剩的轮回。因此，要真正根治特定地区的过剩产能和“僵尸企业”，必须在那些产能过剩产业也是其主要支柱产业的地区，在“去产能”的同时加快新产业、新产能的建设，通过原有过剩产能产业结构性的转型升级，或者通过发展壮大具有产业基础的新型产业，作为本地区经济发展的替代动力以及地方政府财政收入、就业支撑的新源泉，这才有可能从根本上铲除过剩产能产生的经济社会土壤。

四 对策措施

依据以上综合分析，我们认为，针对“去产能”工作所暴露出来的种种困局和风险，当前及今后一定时期内，应该可以考虑的应对和改革措施有：

1. 重视运用兼并重组和资本市场方式来消除“僵尸企业”，对于特定地区特定行业下决心运用倒闭破产的方式来消除“僵尸企业”。

在处理产能过剩的过程中，对于那些“僵尸企业”，如果能够通过兼并重组途径实现效率提升以及产业结构转型升级，就要积极鼓励和提倡运用兼并重组方式来解决，尽量避免直接破产倒闭，避免运用激进的手段制造人为的社会冲突，应当利用兼并重组方式来实现市场的优胜劣汰。鼓励有实力的上市企业通过股票增发、借壳上市等资本市场手段实现对过剩产能企业的兼并重组。对于那些确实无法实现效率提升以及产业结构转型升级的“僵尸企业”，要下定决心、排除各种阻力、认真做好各种善后工作，采取倒闭破产方式来处理过剩产能和“僵尸企业”，为营造一个良好的、能够有效运行的全国市场竞争秩序的产业大格局服务。

2. **充分防范和化解某些重点地区由于“去产能”所引发的重大失业现象，以及由此引发的大规模社会稳定风险，可适当考虑扩大中央转岗安置基金规模。**

在经济发展相对比较发达的中国东部地区，由于工业和第三产业相对发达，吸纳就业的渠道相对比较多，地方财政筹资能力相对较强，政府在处置过剩产能和“僵尸企业”的过程中所引发的失业问题一般不会产生集中性的社会风险。但是，在经济发展程度相对落后的中西部地区和东北地区，这些地区不仅是过剩产能行业分布的重点地区，同时也是支柱产业较单一、地方财政长期处于入不敷出的地区。在这些地区，政府在处置过剩产能和“僵尸企业”的过程中所引发的失业问题就可能会造成集中性的社会风险。因此，针对东部发达地区，可鼓励各地方政府设立以自身财政为主的转岗安置基金；而在中西部地区及东北地区，则要针对各地区在处置过剩产能和“僵尸企业”的过程所带来的内部退养工人、转岗就业创业工人、内部安置工人以及公益性岗位托底安置工人这四类工人，设立以中央财政为主的转岗安置基金。目前，中央政府已经设立了“以人为主”的1000亿元规模的中央转岗安置基金，但是，依据我们的初步测算，这个缺口恐怕会比较大。因此，可针对去产能重点地区和失业高风险地区的实际情况，适当考虑扩大中央转岗安置基金规模，以增强重点地区处置过剩产能和“僵尸企业”的效果。

3. **针对去产能重点区域的产业转型升级以及新产业发展困局，考虑设立中央和地方政府联合出资形式的产业发展促进专项基金和化解“僵尸企业”专项基金。**

对于那些既是经济增速快速下滑的重点去产能地区，同时也是地方财政支出刚性和财政收支入不敷出、支柱产业单一的地区，考虑到它们所面临的产业转型升级以及新产业发展困局，特别是“去产能”工作中可能出现的巨大的地方利益阻力以及客观存在的经济发展挑战，有必要由中央政府直接出台针对促进这些地区的产业转型升级，以及新产业发展的中央和地方联合出资的产业发展促进专项基金计划。此外，针对这些地区在处置过剩产能和“僵尸企业”的过程中所面临的各种债务、要素流转（包括生产设备转让）、技术转让、兼并重组以及历史遗留问题等各种难题，可考虑设立由中央和地方政府联合出资性质的“僵尸企业”处理专项基金，用于奖励与鼓励“僵尸企业”的退出、兼并重组乃至转型升级活动。

4. 高度重视去产能引发可能引发的金融风险，可以考虑启动和鼓励AMC以及银行债转股形式的银行不良资产处理模式。

当前“去产能”工作中重大的风险之一，是处置过剩产能和“僵尸企业”可能诱发的金融风险。尤其是考虑到过剩产能行业和“僵尸企业”与银行体系的相互依赖程度过高，其所引发的金融风险就必然更为突出。根据1998年国企“去产能”的债务处理经验以及当前产能过剩行业高负债、高杠杆的实际情况，可以考虑的措施有：（1）加快中央和地方AMC的试点和推广工作。当前中国的资本市场经过多年发展，资本市场容量和空间已经具备一定规模，资产证券化已在过去15年间出现较快发展，这为由“去产能”产生的不良资产转化为重要的证券化基础资产，提供了机会和空间。不良资产证券化，使去产能产生的金融风险更为分散化、降低去产能引发的债务处理成本。因此，要加快推进由中央地方财政、商业银行和AMC来共同处理此轮去产能所引发的债务问题，考虑到区域性银行的不良资产更适合由熟悉地方情况的地方AMC来做，建议应由地方AMC机构作为此轮“去产能”引发的银行不良资产的主要承担者。（2）鼓励银行机构通过债转股的方式来处理“去产能”过程中所引发的债务问题。1995年的中国《商业银行法》不允许银行持有企业股权，面对当前中国经济发展出现的新现象、新特点，要鼓励银行机构加快混合经营改革的步伐。时机成熟的前提下，可以考虑将债转股模式推广到信托公司等其他金融机构。

5. 加快地方政府官员考核机制的改革，通过真正推进市场化建设，切断各地方政府追求GDP增长导致产能过剩循环式发生的内生机制。

切实通过政府政绩考核体制的改革和干部人事选拔制度的全面创新，打破地方政府通过各种优惠条件导致的招商引资扩大产能→产能过剩→去产能→继续通过各种优惠条件招商引资来扩大产能的死循环，消除地方政府官员在“去产能”工作中的内生性惰性和不作为行为的制度基础。通过市场化改革，以及对政府权力清单的全面深入改革，充分调动和激发地方政府在执行中央战略布局工作中的积极性、主动性以及创造性。当前需要抓紧推进的改革措施是：第一，加大中央对过剩产能重灾区的财政转移支付，来对冲“去产能”和消除僵尸企业给地方政府带来的收支困境。第二，在中央和地方财政合理分配的前提下，将过去用来补贴“僵尸企业”的资金节省出来，用来收购过剩设备报废、补贴下岗职工安置等。

第五章

房地产库存的结构性特征及对策

中国房地产市场经过了20多年的大发展，对中国经济的发展作出了很大贡献，同时，也累积了一些问题，比如：某些地区的房价上涨过快，尤其是三、四线城市存在比较普遍的高库存现象等。这些现象的存在，甚至愈演愈烈，严重影响了房地产市场的健康有序发展。因此，为了有效地稳定房地产市场投资，防止其大起大落，就需要在化解房地产库存的同时，抑制房价的过快上涨。目前化解房地产库存的一个主流观点是通过放开限购、利用信贷支持提高杠杆率等手段刺激需求，提高销售。实际上，因为人口分布和土地使用等不匹配，当前的房地产库存是一种结构性的问题。这在一、二线城市房价上涨过快，而三、四线城市又高库存两种现象同时存在的情况下，以往惯用的总量需求管理政策只能延缓问题的发作，并进一步助推一线城市的房价过快上涨，通过高杠杆率抬高本来就已高企的房价，制造更多的泡沫和风险，将更大的困难留给未来。因此，当前需要尊重市场规律，客观地认识到房地产投资下滑的合理性，通过在部分地区减缓或降低供给、利用金融等手段化解房地产库存。

◇一 房地产市场现状

1. 房地产投资增速出现下降。

房地产市场在中国经济发展过程中占据了重要的地位。从图 5—1 可以看出，20 世纪 90 年代开始，房地产投资占城镇固定资产投资的比重就持续上升。在 90 年代启动住房商业化改革以来，比重进一步上升。

从图 5—2 可以看到房地产投资的重要性。本次经济下行的一个重要原因，就是房地产投资增速快速下行，比整体固定资产投资增速下行更快，所以，占城镇固定资产投资的比重出现了下降，从而导致经济增速下降。因此，要稳定中国经济，就需要一个平稳有序的房地产市场。这就要求我们分析是什么原因导致了房地产投资下降。

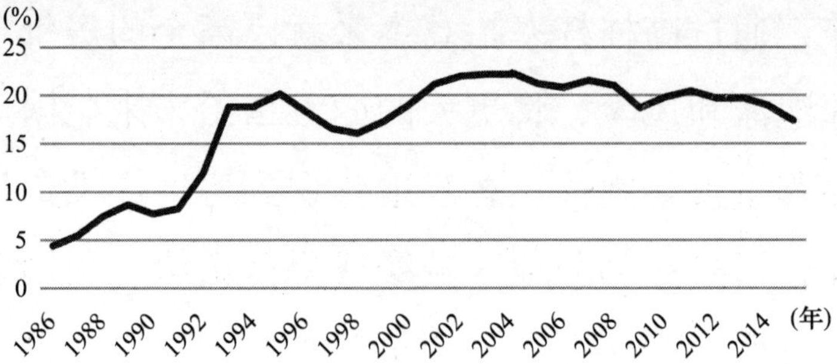

图 5—1　房地产投资比重

数据来源：wind 资讯。

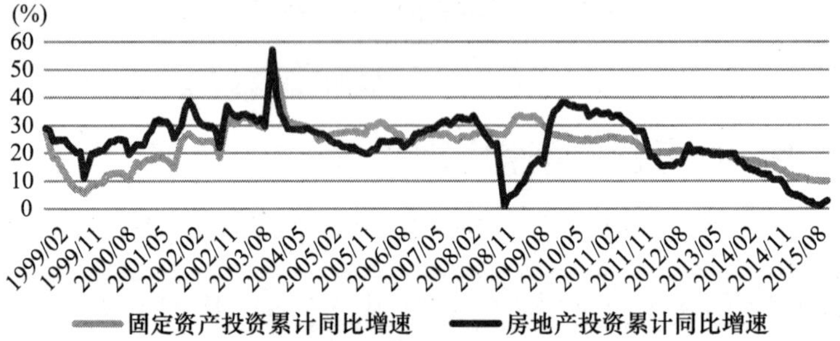

图 5—2　投资增速

数据来源：wind 资讯。

2. 高库存降低了房地产投资增速成为去库存的重要诱因。

房地产投资增速下降的一个重要原因是经过多年的发展，尤其是在 2009 年之后楼市的高歌猛进，导致了房地产库存大幅度上升。从图 5—3 可以看出，在 2012 年达到了一个顶点之后，房地产销售面积和销售额增速都出现了快速下滑。

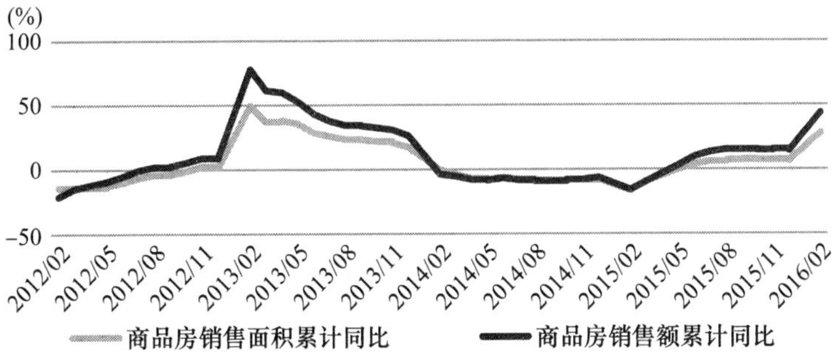

图5—3　商品房销售

数据来源：wind资讯。

在这个快速下滑的过程中，图5—4显示出房地产库存的累积量迅速上升。因为库存增加，房地产企业的经营情况出现了困难，现金流紧张，利润下降。这自然就抑制了房地产企业拿地投资的热情。

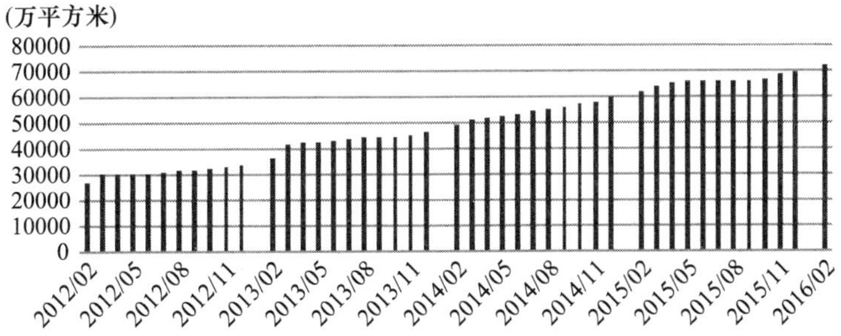

图5—4　商品房待售面积

数据来源：wind资讯。

3. 提高杠杆率为代表的各种需求刺激政策，结果是扩大了房地产的地区市场分化，但却并未有效降低库存。

为了降低房地产库存，改善房地产企业经济绩效，从而稳定房地产投资并稳定经济，2015 年，各级政府从需求端屡次发力，以期提升消费者的购买欲望。

第一，各地区纷纷解禁限购。甘肃、四川、安徽、山西等省份发布房地产新政，明文取消楼市限购。在曾经明文限购的 46 个城市中，2015 年中只剩下北京等少数城市还在坚持限购。

第二，财政部将二手房交易营业税免征年限从原来的五年降至两年。

第三，央行、住建部、银监会屡次发文降低首付比例。拥有一套住房并已结清贷款的家庭，再次申请住房公积金购房，最低首付比例首先降为 30%，之后又降低至 20%。在不实施“限购”措施的城市，对居民家庭首次购买普通住房的商业性个人住房贷款，最低首付款比例调整为不低于 25%。

第四，在降低首付比例、提高杠杆的同时，2015 年以来，中国人民银行多次降准、降息，降低贷款成本，扩大金融对房地产市场的支持。

第五，央行、财政部、住建部联合发出通知，要求切实提高住房公积金使用效率，全面推行异地贷款业务。缴存职工在缴存地以外地区购房，可按购房地的住房公积金贷款政策，向购房地住房公积金管理中心申请贷款。

第六，国务院办公厅出台《关于加快发展生活性服务业促进消费结构升级的指导意见》，其中提到“强化服务民生的基本功能，形成以大众化市场为主题、适应多层次多样化消费需求的住宿餐饮业发展新格局”，“积极发展短租公寓、长期公寓等满足广大人民群众消费需求的细分业态”，首次把公寓定性为生活性服务业，并将在税收、融资等方面给予政策支持。

这些政策不可谓不强劲，从图5—3可以看出，2015年3月之后，房地产销售面积和销售额出现了快速上升。特别是在2016年以来，房地产市场快速复苏，销售面积和销售额增速明显增大。从图中可以发现，销售额涨幅快于销售面积涨幅，这表明价格出现了较快上涨。图5—5显示，2015年以来，房价同比上涨城市数量快速上升。

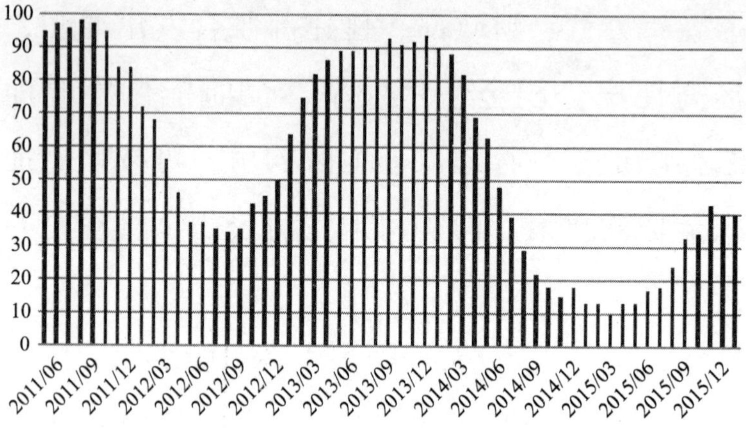

图 5—5　百城住宅价格上涨个数

数据来源：wind 资讯。

不过，虽然总体上有所回暖，但是房地产市场的区域分化日益严重。首先，图 5—6 显示住宅价格的上涨并不是均等的，一线城市涨幅最大，三线城市涨幅明显缩小。2016 年 2 月，一线城市房价同比上涨超过 21%，二线城市住宅价格同比仅仅上涨了 1.47%，三线城市住宅价格同比从大幅度下降逐渐接近零。

其次，另一个反映房地产价格的数据是成交土地的溢价率。图 5—7 显示，近年来一线城市因为土地供应紧张，需求旺盛，供需作用的结果是溢价率较高。在 2015 年需求政策的刺激下，溢价率进一步上升。

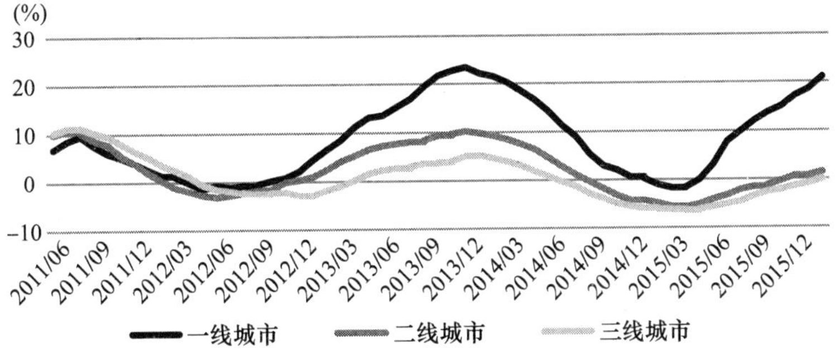

图 5—6　住宅价格指数

数据来源：wind 资讯。

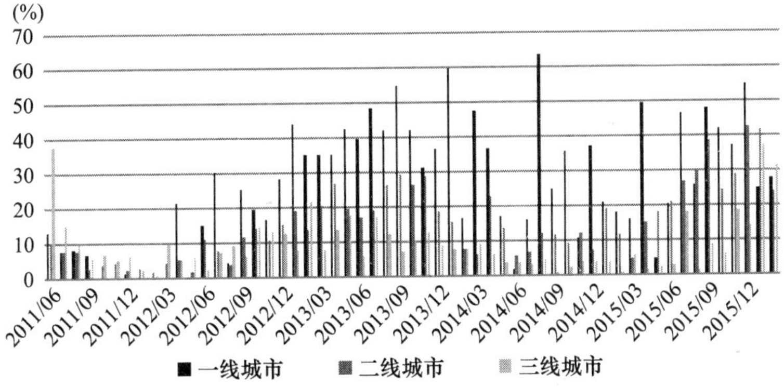

图 5—7　住宅土地成交溢价率

数据来源：wind 资讯。

然而，因为一线城市土地供应紧张，现有房地产投资主要集中在三线城市。图 5—8 显示，三线城市的住宅类土地成交面积巨大。在当前限期开发政策的作用下，这些土地会形成有效的住宅供给。但是，因为销售复苏缓慢，三线城市的库存还在增加。这就导致了虽然一、二线城市在加杠杆等需求端政策的作用下量价齐升，开始了去库存，但是三线城市库存依然上升，结果是如前面的图5—4所示，因为一、二线城市的快速消化，2015年整体库存有所下降，但是，从2016年的数据来看，全国整体库存反而上升了。这表明，需求端的刺激政策，虽然快速拉动了房地产销售，同时也推高了一线城市的房价，但三线城市却因为巨大供给，这些政策并未能有效降低库存。

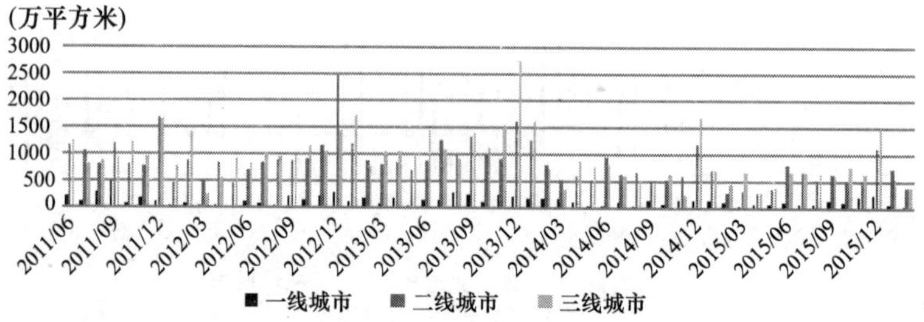

图5—8 住宅类土地成交面积

数据来源：wind资讯。

由此可见，需求端的刺激政策仅能在短时间内缓解库存，但是却不能在全国范围内达到降低库存的效果，而且还会通过虹吸效应对未来的房地产市场产生影响。

第一，大量房地产企业会重新布局，加快向销售恢复的一、二线城市聚集。

第二，三、四线城市房地产市场将会维持较长时间的萧条，并不会跟随着一、二线城市出现快速复苏，房地产市场分化加剧。

第三，在加剧分化中，一、二线城市有较多土地积累的大型房地产商会明显受益，业绩改善；而三、四线城市的小房地产企业可能出现集中倒闭，在土地财政依然持续的情况下，这会加剧县级财政困难，可能引发局部的金融风险和社会问题。

第四，在目前企业资金链紧张、债务率较高的环境下，局部的金融风险很容易引发全局性问题。

总之，需求端的政策并不是有效化解房地产库存的方法。这只能在短时间缓解问题，但是长期会产生更严重的风险。当然，政府对这种风险已经有所意识，2016年后上海、深圳等地开始加强限购，抑制房价的快速上涨。既然观察到这些现象，我们就需要深入思考为什么总需求政策并不能有效降低库存。之所以出现这种情况，是因为造成房地产市场高库存现象更根本的原因是结构性的，而不是总量性的。这就使得总量的需求政策更容易产生局部的房地产泡沫，而不是有效化解房地产市场库存的良方。

二 当前房地产库存的本质是结构性问题

1. 城市常住人口的群体结构中，潜在购房需求最旺的群体，由于收入等原因难以对住房形成有效需求。

现在城市常住人口中潜在购房需求最大的群体是农民工，以及参加工作时间不长的城市新增就业人群。目前农民工在务工地买房的比例仅有1%，而城镇人口平均住宅建筑面积已经达到33平方米。如果要刺激需求，这部分人群为了婚恋和子女教育有动力、有较强的购房意愿，但现实中他们的有效需求却受到了收入和养老等问题的极大制约。首先是收入方面的制约。2015年第三季度，进城农民工月平均工资3052元，年收入只有3.6万元，在支付了日常支出后剩余有限。当前全国百城平均价格1.1万元/平方米，购买住房的压力可想而知。更为重要的是结构问题，即在直辖市和省会的农民工占到了农民工总人数的30%。在这些区域，农民工的收入水平要想购买住房更是极为困难。除了收入以外，农民工购房的一个重要限制是老人的养老问题。如果将农村老人带到城市，那么会大幅度增加农民工的生活成本，如果农村老人不进城，养老问题又不能得到妥善解决。因此，虽然农民工是住房的潜在购买力，但是这股力量还有很多制约，难以形成有效需求。城市潜在购房群体的另一支主力军——参加工作时间不长的城市新增就业人群，也由于收入等原因，难以成为现实中住房的有效需求者。

2. **房地产库存主要在三、四线城市，而城镇化的未来趋势是特大城市群，这导致了房地产供给的区域错配。**

因为一、二线城市土地较为稀缺，当前房地产投资更多向三、四线城市集中。三、四线及以下城市房地产投资占房地产总投资的比重从2010年的27%上升到了2014年的40%，这导致了库存在三、四线城市的大幅度上涨。可是，这些城市在未来城市化中的地位却岌岌可危。一般直觉认为城市化会产生很多小城市，即原来的乡村变为小城镇。但是，从世界经验来看，这种趋势并没有发生。在21世纪的前10年，美国大都会地区人口增长了17.9%，远远超过了全国5.5%的人口增长。这表明即使在完成了城市化之后，大量人口仍然会向大都会之类的地区聚集，欧洲也同样呈现这种状况。可见，在这种我们尚未完全理解的规律的作用下，城市化最终可能是呈现一系列的大城市群。这意味着三、四线城市人口聚集仍会较为缓慢，甚至可能会向一、二线城市进一步聚集，产生人口净流出。但是，因为三、四线城市已建成的房屋是不可移动的，这就导致了目前房地产供给和未来的房地产需求在地域上不匹配。即使我们刺激需求，刺激的最终结果是一、二线城市房价高涨，而三、四线城市依然库存巨大。

3. **房地产库存的新增主力是商业用房，这部分产品在新常态下需求有限，导致房地产供给的产品使用属性与现实需求错配。**

2015 年 11 月末，商品房待售面积比 10 月末增加了 1004 万平方米，其中，商业营业用房待售面积增加了 318 万平方米。商业营业用房高速累积成为房地产供给结构的一个特征。在高速经济增长期，对商品房的投资需求上升，再加上前期限购等政策的影响，部分社会购买力转向商业用房，结果导致商业用房的建设面积在过去几年大幅度攀升。但是，随着经济步入新常态，经济增速将会在较长时期维持中高速增长，对厂房等需求拉动放缓。同时，随着互联网办公、电子商务等商业模式崛起，传统商场、写字楼模式受到了巨大冲击，实体性质的商业用房需求受到了抑制。这导致商业用房在未来一段时间内都将呈现出较为严峻的局面。

总的来看，中国房地产库存高企的主要原因是将房地产作为主导产业带来的全国性大干快上、跑马圈地、粗放式经营的结果。这种高库存已经远远超出了中国需求的承载量。同时，房地产市场当前主要受到需求结构、区域结构和商业用房性质结构等方面的制约，成为一个突出的结构性问题。面对结构性问题，我们需要的是调整资源投入，从过剩区域、产品结构向短缺区域和产品结构转移。因此，房地产去库存关键不再是如何人为地提高各地购房需求，对结构性问题刺激总需求只会造成泡沫；而是要切实让市场发挥作用，在该停建的地方就减缓甚至停止建设，通过资源重组，逐步化解三、四线城市和商业用房的库存。

◇三　结构性库存下的有关政策思考

房地产高库存的现实性和结构性特征，决定了去库存的复杂性、艰巨性和中长期性。因此，房地产去的库存关键是切忌全面刺激各地的购房需求，而是需要按照供给侧结构性改革的思路，兼顾短期和中长期，切实让市场发挥作用，做好打一场相对持久的去库存战役的准备。

1. 以土地经营权入股方式在农村建立合作养老机构，实现以地养老，为进城农民工在城市购房分忧解难，提升农民工的购房意愿，促进有效需求的形成。

农民工买房的一个重要限制是农村老人的养老问题，为此，需要在农村加强养老机构的建设，解决进城农民工的后顾之忧。为了降低农村老人的养老成本，可以采用土地经营权入股的方式，由村集体集中土地，利用土地的收益统筹建立互助型养老机构。这样，一方面解决了养老机构和农民养老的资金来源问题；另一方面又可以将土地集中，化解现在老龄人口耕种零散土地问题，提高经济效益。

2. 在三、四线城市通过推行房地产投资信托基金的方式，以金融手段化解房地产空间错配。

现有房地产库存在三、四线城市累积，但人口却向一、二线城市聚集。要解决这种空间的错配，可以通过设立房地产投资信托基金，主要投资三、四线城市的房地产（信托基金投资的这部分房产目前可以用于流动人口的暂时租赁，随着城市的发展，未来也可以满足当地新增常住人口的购买需求），将三、四线城市房地产库存变为现金流。这样既增加了当地的房地产购买力，又可以让房地产商将这部分解套的资金，向需要投资的一、二线城市转移，通过资金流动解决房地产的空间错配问题。

3. 在一、二线城市结合棚户区改造加大房地产供给。

当前的房地产库存是一种结构性过剩，一、二线城市的需求旺盛，未来还有发展空间。限制一、二线城市房地产发展的主要是土地供给，因此，现在需要加大土地承载力，提高密度。为此，需要结合棚户区改造，充分利用有限土地增加住房供给。这一方面可以满足市场需求；另一方面可以补充房地产投资，抑制一、二线城市房价过快上涨。

4. 适当延长土地开发时间限制等，允许三、四线城市开发商自我调整供给速度。

在三、四线城市房地产供给结构性过剩的情况下，需要通过市场手段降低供给，才能逐步缓解库存压力。在前些年房地产市场火爆的时期，为了促进供给，出台了很多政策来加快房地产建设速度，例如，要求土地在规定时间内完成开发等。现在需要在三、四线及以下城市放开这些政策，使得开发商能够根据自身城市特点，控制供给。

5. **从中长期来看，需要加大中西部城市群建设力度，吸引人口集聚，活跃市场。**

未来城市化的趋势会更多向大城市群集中。为了化解三、四线城市的房地产危机，需要在中西部地区加大城市群建设力度，将空间开发的指导思想从区域开发向城市群建设转移。通过城市群辐射周边，将中西部城市缺乏中心的网状格局向星形格局转变，以中心带动周边，促进市场繁荣。

第 六 章

中国企业"高杠杆"的表现、成因与对策

目前，中国企业负债率较高，蕴含着较大的经济和金融风险。供给侧结构性改革的一个重要的任务就是"去杠杆"。之所以要在供给侧结构性改革中提及"去杠杆"，是因为中国企业的高杠杆率虽然有一些经济周期性的成因，但是更重要的是与中国原有的以量为主的发展模式和金融体制密不可分，因此"去杠杆"并不能通过一些短期政策一劳永逸地解决。仅仅依靠短期政策，只能在短时间内奏效，长期中企业经营又会回到高负债的模式。因此，要根本性解决企业的高杠杆问题，只能从改革入手，解决一些中国经济和金融发展中的结构性问题。

一 企业高杠杆的表现

1. 企业部门杠杆率居高不下。

中国各部门杠杆率水平不相同，高杠杆主要集中在企业部门（图 6—1）。2014 年，非金融企业部门债务占 GDP 的比重为 123%，远高于居民部门 36% 的水平。从历史趋势上看，非金融企业杠杆率在 2010 年之前还较为平稳，在 2010 年出现了快速上升。居民部门债务和政府部门债务则是从 2008 年开始快速上升。

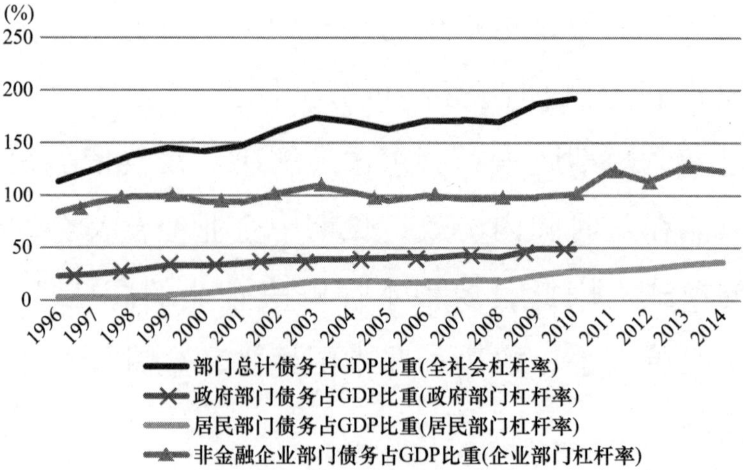

图 6—1 各部门杠杆率

数据来源：Wind 资讯。

2. 各行业杠杆率分化严重。

虽然工业杠杆率整体较高，但是不同行业之间分化严重。图 6—2 显示，中国终端制造业的杠杆率虽然绝对值较高，但是并不存在类似图 6—1 的整体上升态势，而是相对较为稳定。这表明中国经济整体还是具有良好基础的。同时，图 6—3 也显示，类似医药等高科技类新兴产业杠杆率表现更好，医药行业更是杠杆率持续下降。这显示了医药行业良好的发展态势，通过较高利润积累降低了杠杆率。

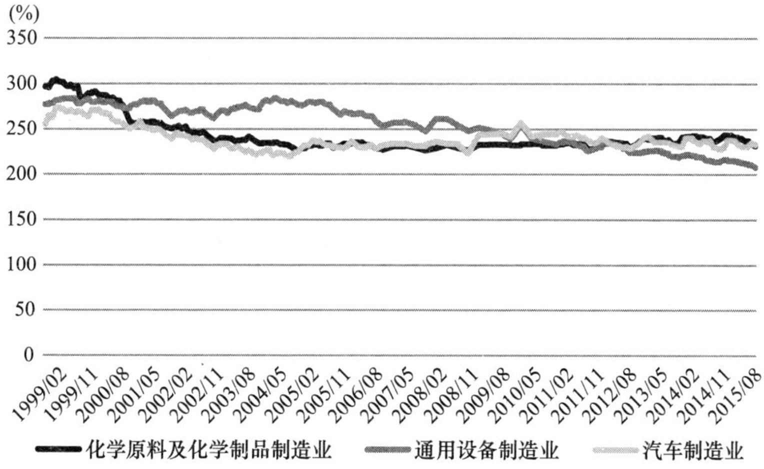

图 6—2　部分制造业杠杆率

数据来源：Wind 资讯。

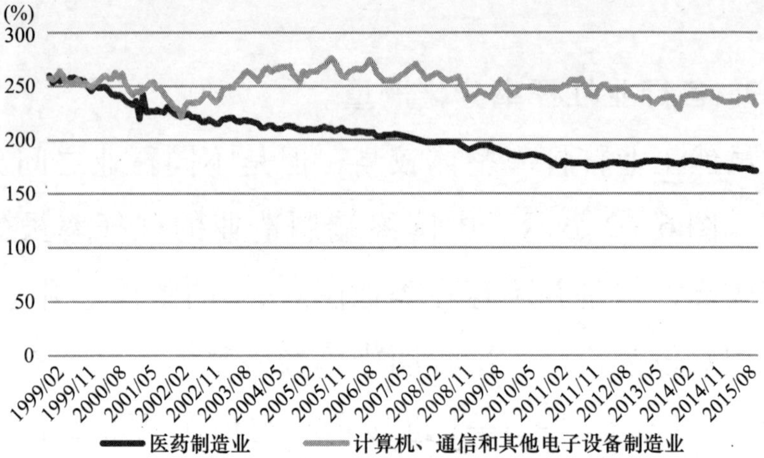

图 6—3　部分高技术产业杠杆率

数据来源：Wind 资讯。

但是，图 6—4 显示，中国上游资源型行业的杠杆率大幅度上升。这就构成了推升中国企业整体杠杆率的

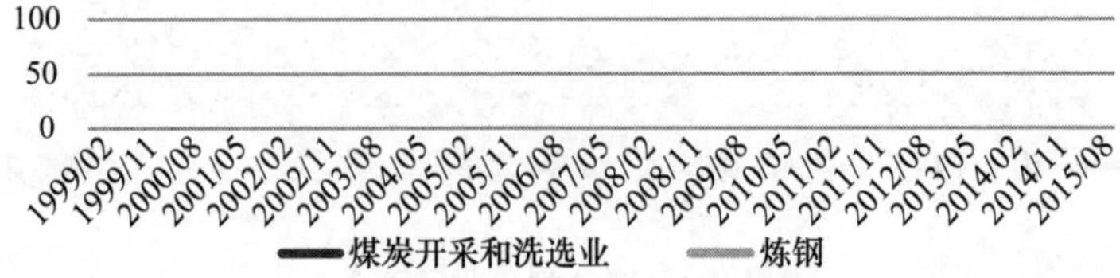

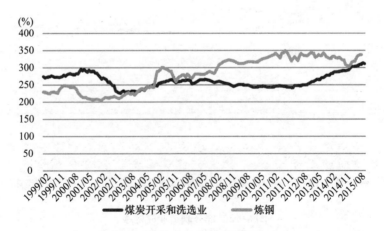

图 6—4　煤炭、炼钢行业杠杆率

数据来源：Wind 资讯。

动力。这种行业间杠杆率分化加大，表明中国经济结构处在调整中，新兴行业兴起，传统资源密集型行业受到很大挑战。

二 企业高杠杆的成因

从对中国企业杠杆率的描述可以看出，中国整体上既有较高的杠杆率，同时行业间又分化严重。接下来从经济和金融两种成因来对这种总量和结构并存的现象进行分析。

1. **经济发展模式与企业高杠杆。**

从经济发展的角度来看，高杠杆的成因可以概括为如下三个方面：

（1）经济下行降低了企业收入。

随着中国步入新常态，经济增长速度从高速转向中高速，2014 年 GDP 增长率下滑至 7.3%，2015 年 GDP 增长率进一步下滑至 6.9%。在经济下行的大背景下，企业收入普遍降低、利润普遍缩减。图 6—2 中可以看出，在 2009 年"四万亿"投资计划的作用下，企业主营业务收入和利润出现了一次性的上升，但之后在政策消化期就出现了主营业务收入和利润双下降，亏损额和亏损家数呈现持续上升趋势（图6—5、图6—6）。这个过程中，企业的财务费用大幅度上升，平均增速快于企业收入增速。收入降低造成企业对负债的依赖性更强，而债务负担加重导致企业新增负债主要用于旧债的还本付息，影响企业正常生产经营。在经济下行压力下，债务负担和企业收入缩减相互作用、逐层放大，推动企业高杠杆率持续上升。

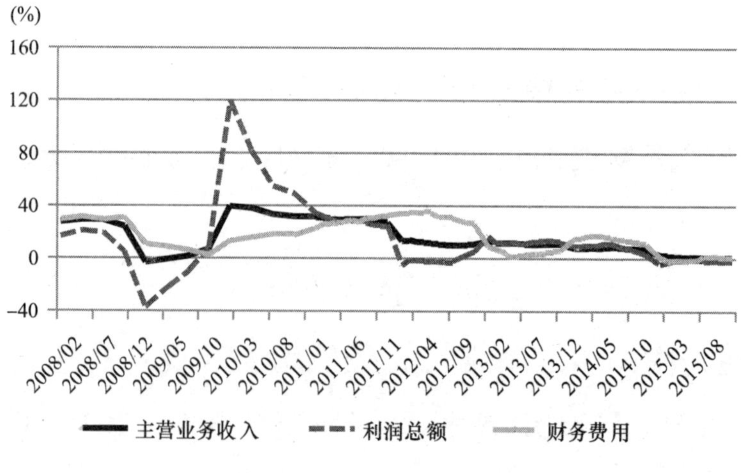

图6—5 工业企业主营业务收入、利润总额和财务费用（累计同比）

数据来源：Wind资讯。

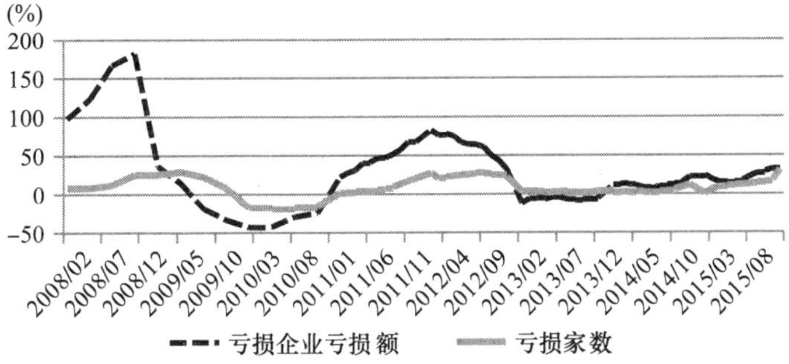

图6—6　工业企业亏损额和亏损家数（累计同比）

数据来源：Wind资讯。

（2）中国长期以量为导向的经济增长模式导致过剩产能。

长期以来，中国经济增长是以总产量为导向的。为了扩大总产量，最初是在供给方通过国有企业改革来完成。在亚洲金融危机后，随着总需求下降，中国开始了从需求侧刺激经济的进程，主要体现为依靠投资拉动增长。特别是2007年全球金融危机爆发后，在政府"四万亿"投资计划的刺激下，中国资本形成率再一次迅速提高，2009年达到47.2%，并在2011年达到48.3%的历史最高水平。2009年全社会固定资产投资同比增长29.95%，其中国有企业固定资产投资同比增幅达到43.09%。这一轮投资浪潮导致企业大幅度扩大了产能，但在全球需求不振等因素的冲击下，传统的依靠固定资产投资扩大产能再通过出口导向消耗产能的增长模式难以为继，新增产能缺乏需求支撑，造成产能利用率迅速下降、产能过剩和企业亏损，导致不良债务上升，尤其是在煤炭、钢铁、房地产、城市基建等传统行业资产负债表严重恶化，推高了企业杠杆率。以钢铁行业为例，中钢协钢铁行业运行报告称，2015 年中国钢材价格持续创出新低，钢材需求明显下降，经济效益大幅度下降，亏损面大幅度上升，粗钢产量自 1981 年以来首次出现年度下降，粗钢产能利用率不足 67%，产能过剩矛盾更加突出，大型钢铁企业平均负债率高达 70.06%，同比上升 1.55%。为了应对产能过剩问题，政府进一步出台一系列隐性担保、行政补贴和扶持政策，过剩产能得到贷款等资金支持，形成大量产能过剩行业依赖贷款借新还旧，逐步成为依靠借贷维持生存的“僵尸企业”。大量资金沉积在产能过剩行业导致了两方面结果。一方面疲弱的收入和高额的利息负担进一步压缩了企业利润，为了生存企业更加依赖借新还旧，积累债务，推升杠杆率；另一方面，产能过剩行业的大量无效资金需求占用了大量信贷资源，导致新兴行业等高效率部门的融资不足，对实体经济有效融资需求产生挤出效应，阻碍实体经济发展，导致全社会融资资源利用效率降低，进一步推高了全社会的杠杆率。

（3）高投资模式导致了CPI和PPI的变化，通货紧缩导致债务加剧。

上述高投资模式的另一个结果是造成了当前中国经济的通货紧缩压力。在外部需求疲软和国内需求不振的双重影响下，价格水平持续下行。2012年3月，工业生产者出厂价格指数（PPI）同比下降0.3%，标志着CPI与PPI二元分化与结构性通货紧缩压力的开始，到2016年2月，CPI同比增长2.3%，PPI同比下降4.9%（图6—7）。从图6—5可以清楚地看出，这次CPI与PPI二元分化是中国改革开放以来时间最长、幅度最大的一次。虽然对整个经济而言，使用CPI来衡量通胀或通缩更具有普遍性；但对生产企业而言，PPI在一定程度上是具有代表性意义的。

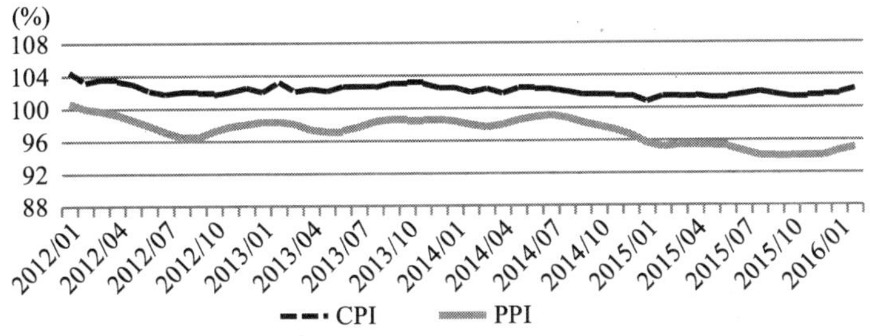

图6—7　价格指数

数据来源：Wind资讯。

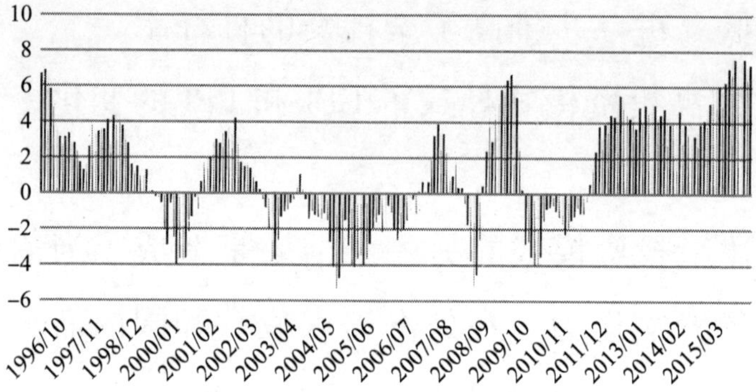

图6—8 CPI与PPI之差

数据来源：Wind资讯。

在PPI通缩的经济环境下，上述产能过剩和债务压力矛盾被进一步放大。根据债务—通缩理论，价格水平持续下行，过度负债和通货紧缩互相影响，相互加强，持续推高企业杠杆率。

第一，根据前面所述，在经济下行的负向冲击下，此前的投资过热导致大量行业产能过剩，债务压力不断累积。企业为了偿还负债，一方面增加贷款需求，借新还旧；另一方面将会降价销售，廉价出售资产，资产价格降低造成整体价格水平负向压力，并引起通货紧缩，价格水平持续下降导致企业利润进一步降低，投资需求降低，导致实体经济进一步萎缩。

第二，通货紧缩还会通过作用于企业负债规模反向影响企业负债压力：通货紧缩意味着整体物价下行，导致企业未偿还债务的真实价格提高，真实负债规模进一步扩大，导致企业过度负债程度加深，并反过来进一步导致通缩压力。过度负债和通货紧缩的相互作用推动了企业负债压力持续上涨和杠杆率持续攀升。

2. **金融发展、金融数量管制和高杠杆率。**

除上述经济发展模式方面的原因外，中国金融体系的发展模式和相关政策也推高了企业的杠杆率。

（1）资本市场发展缓慢。

中国的金融体系以银行为主，企业融资方式也以间接的债券融资为主，直接融资比例较低。从规模上看，根据央行货币政策执行报告，2015 年，社会融资规模增量 152936 亿元，银行贷款 106265 亿元，银行贷款占比 69.48%；银行体系表外融资 5776 亿元，占比 3.79%；非金融企业债券融资 28249 亿元，占比 18.48%；非金融企业境内股票融资 7604 亿元，占比仅为 4.97%。2013 年、2014 年，非金融企业境内股票融资占比分别为 1.45% 和 2.84%，企业债券融资占比分别为 11.84% 和 15.57%，而银行贷款占比分别高达 61.96% 和 66.28%。银行主导型信贷市场先天决定了企业部门银行贷款占比偏高。而在上一轮投资热潮中，企业投资欲望强烈，但融资方式单一，也相应推高了企业杠杆率。

近年来，中国金融市场发展较为迅速，但发展方向更多地体现在债务工具市场，资本市场发展一直较为缓慢，多层次资本市场不健全。这里面的原因较为复杂，其中一个重要原因就是企业基本信息数据建设不足，征信等发展缓慢，提供给资本市场信息不足，这造成资本市场信息披露不充分、风险大，并导致中小板、创业板、新三板等市场行业、地域、规模准入门槛高，股权融资能力受限，使得企业不得不更多依赖债务融资，杠杆率保持较高水平。

（2）金融数量管制。

在企业高杠杆率的同时，还有一个现象非常值得注意，即企业持有大量现金及等价物。在中国 M2 的构成中，企业存款的比重一直呈持续上升的态势，特别是在 2010 年之后出现一个大幅度跳跃，直接推高了货币量。这个时间点正好与图 6—1 中 2010 年企业杠杆率的跳跃性上升吻合。到 2013 年，企业持有现金等价物的情况更为严重。截至 2013 年 11 月末，企业存款比 1 月增长了 11%，同期居民存款增速仅有 8%。在企业存款大幅度攀升的情况下，企业定期存款增速尤其迅猛，2013

年11月末比1月增长了14%。定期存款的增加表明资金大量沉积在企业中，并没有发挥购买原材料、促进流通的作用。这意味着我们提高了的一部分杠杆率并不是为了生产，而是转化为了资金沉淀。

这些资金是做什么的呢？为什么会出现这种奇怪的现象。这里面的一个重要推手就是合意贷款规模管制。合意贷款规模管制的存在使得表内信贷相对稀缺，导致了表外贷款和影子银行业务的盛行，也使得资金在金融体系的沉淀率明显上升，导致了企业杠杆率的虚高。

一般来说，影子银行是一个信用中介业务体系，即为完成了信用中介、期限转换、流动性转换三个功能的业务链条，但是没有受到中央银行的风险支持和流动性支持。在西方国家，完成上述任务的方式有两种：一种是资产证券化；另一种是抵押中介（或者称证券贷款）。

与发达国家的金融专业化效率提升导致的信贷业务纵向分割不同，中国影子银行的出现最初主要是为了应对监管套利。这一点导致中国的影子银行体系出现了更多的体内循环，各金融机构利益均沾、资产虚增，而没有满足实体经济的需求，进而扭曲了企业的现金持有行为。具体来说，中国影子银行出现的一个主要动力是来自中央银行的合意信贷规模管制等数量化要求，导致商业银行将表内贷款转移到表外，从而达到类似影子银行的资产证券化和抵押中介的模式。

影子银行的存在最终还是要完成信贷行为，所以分析其成因仍需要考察中国商业银行贷款的影响因素。从经济学角度，影响因素可以分为价格和数量两种。首先从贷款的价格，即利率入手分析。由于中国在很长一段时间实行了贷款利率管制，这会给人一种印象，是贷款利率管制导致中国商业银行将表内的贷款转移到表外的影子银行业务中去。尤其是中国在 2013 年 7 月取消了贷款利率管制，更强化了利率市场化是为了解决由之产生的影子银行问题这一印象。但实际上，早在 2004 年贷款利率上限放开的时候，贷款利率管制就已经失效了。尤其是在贷款作为一种稀缺资源的情况下，与央行基准利率相比，贷款实际利率始终存在上行压力，而非下行压力。从实际情况来看，中国商业银行的贷款定价自从 2005 年之后一直较为分散，贷款利率下浮的比例并不高。例如，在放弃贷款利率管制前的 2013 年第一季度，仅有 11.4% 的贷款利率较基准利率是下浮的。从这个角度，中国贷款利率的管制对于商业银行的贷款行为影响并不大。近些年，对于商业银行产生硬约束的是各种数量型管制，例如信贷规模管制，而不是价格。

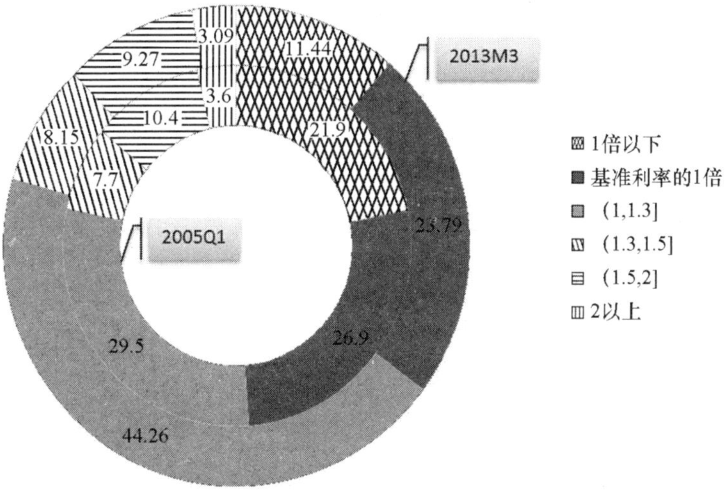

图6—9　贷款定价

数据来源：《2013年第一季度货币政策执行报告》，中国人民银行网站。

在规避数量型管制的过程中，银行需要将正常的贷款转化为不受管制的品种。这一点最初是以信托贷款、委托贷款的方式完成，后期则加上了券商资管等金融链条，演化得更加扑朔迷离。但从根本上，都是通过各种同业渠道，将受管制的品种转化为不受管制的创新品种，或者视乎监管对象的不同，从一类机构转移到另一类机构。商业银行通过多次转手，将贷款转化计入同业项下，既不用计提风险拨备，不受信贷规模窗口指导；

也大幅度降低了风险资本占用（同业项资产的风险权重仅为25%，而贷款一般为100%）。通过上述一系列资金转移，最终这笔钱会转移给企业，各商业银行也通过互倒、贷转存等方式扩大了资产负债规模，但问题在于资金的使用效率下降了。

在这样的影子银行业务模式中，由于贷款的高度稀缺性，作为对于商业银行的回报，每个企业并不能完全得到贷款的使用权。这表现为企业通过这种影子银行模式申请50亿元贷款，一般仅能使用30亿元；剩余20亿元必须存在银行，帮助银行扩大负债，增加规模，从而能够增加下一季度或者年度的贷款规模。同时，在整个互相倒手的过程中，由于需要引入多个企业作为过桥和担保，这就使得资金出现“雁过拔毛”的现象，每个过路者都持有一部分资金，这部分资金成了对银行的回报，不能完全使用，导致出现了资金的大量沉淀，企业杠杆率高企。

此外，在资金沉淀的同时，贷款的稀缺性还会导致流动性错配现象的产生。这种流动性错配源于贷款的特性。由于贷款主要和抵押品有关，而不是企业的投资机会，成长型的中小企业有较多的投资机会，需要现金，但是缺乏合格的抵押品，难以获得贷款；而缺乏投资机会的成熟的重资产企业却可以获得很多贷款，从而持有高额现金。流动性的错配使得金融和实体经济进一步脱离。实际上，大企业往往承担了“二传手”的职能，在获得了资金之后，利用委托贷款或者专项理财计划发放信托贷款等模式，将资金再贷给中小企业使用，自己获得利差。因此，合意信贷规模管制导致了流动性错配，企业持有现金水平与投资机会无关，更加偏向资源类重资产公司，导致金融与实体经济脱节。一些重资产公司参与金融活动，整个这种泛金融化过程推升了企业的负债率。

三　对策建议

根据前面的分析，中国企业的高杠杆率有经济下行导致企业利润降低等总量原因，但是更多是由生产关系不适应生产力等结构性因素造成的。例如，存在着金融数量管制等金融抑制政策，这意味着必须通过改革来根本解决企业杠杆率居高不下的问题。当然，因为改革发挥作用的过程会比较缓慢，所以，也需要一些短期措施来保证在高杠杆率的情况下，不会因为经济下行导致企业的资金链紧张出现金融风险。

1. **取消金融规模管制。**

前面的分析已经表明，中国当前影子银行体系日益庞大，其背后的一个重要原因是金融的数量规模管制，逼迫商业银行将表内业务转移至表外。这导致的结果是低成本融资企业融来资金，进行金融活动，获取利差；金融空转，实体经济与金融脱离。所以，当前亟须取消合意信贷规模管制等直接的数量型管制措施。值得注意的是，从2016年开始，人民银行引入了宏观审慎政策框架，将原来的差别准备金动态调整和合意贷款管理升级为宏观审慎评估体系，从商业银行的资本和杠杆情况、资产负债情况、流动性、定价行为、资产质量、外债风险和信贷政策执行七个方面出发，通过综合评估加强逆周期调节，同时从以往的关注狭义贷款转向关注广义信贷，将债券投资、股权及其他投资、买入返售资产等都包括在内，其对于贷款规模管制的要求有可能会有所放松。下一步政策的实际效果还需要进一步观察。

2. **以构建基准利率为突破口加快利率市场化。**

为了在放松控制之后保证贷款增速不失控，就需要尽快进行利率市场化改革，推进货币政策走向价格型调控，通过影响商业银行的资金成本，调控其贷款的发放速度。

需要强调的是，利率市场化并不仅仅是简单地放开存贷款利率，关键问题在于，放得开的同时要能管得住。市场竞争对于利率的压力在经济下行时期可能相对没有那么明显，而一旦通胀迹象有所抬头，有可能会出现较大问题。因此，利率市场化中最为迫切的任务是加快建设政策利率，选定一个短端利率作为未来的政策操作目标利率，以此为基础构建合理的利率期限结构，从而加快塑造商业银行合理的价格环境。

在构建政策利率后，要加快建立相应的利率走廊机制。在建立政策利率的基础上，应该充分借鉴先进经验，建立政策利率的利率走廊，其上限为中央银行释放流动性的价格，下限为中央银行吸收流动性的价格，当政策利率达到利率走廊上限时，中央银行释放流动性直至政策利率回到利率走廊内，当政策利率达到利率走廊下限时，中央银行吸收流动性直至政策利率回到利率走廊内。目前可供选择的利率走廊上限包括央行的再贷款利率、再贴现利率等，可供选择的利率下限包括超额准备金利率。当然央行也可以重起炉灶，重新设定利率走廊上下限。值得强调的是，所谓利率走廊或者存贷款便利性设施，是指只盯住目标而不管数量，即当目标利率接近利率走廊下限时，中央银行无限吸收资金；当目标利率接近利率走廊上限时，中央银行无限释放资金。在中国现行的中央银行利率体系中，只有超额准备金利率可认为是利率走廊下限，即可以无限制吸收资金；中央银行再贷款利率，常备融资便利（SLF）等虽然都是中央银行对外借款的利率，但由于额度限制以及操作上的不透明性，很难被看作利率走廊上限的近似替代。

3. **加快推进宏观审慎管理。**

在利率市场化的过程中，还需要辅以宏观审慎管理。这次金融危机提示我们，仅仅依靠利率并不能保持金融稳定，并从而很好地支持实体经济的发展。如果商业银行的贷款过于集中在某些行业，就很容易爆发金融危机。此次美国的次贷危机就是房地产抵押贷款违约爆发之后导致的。因此，当前中国应该在利率市场化的过程中加快推进宏观审慎管理。

宏观审慎管理采用了一般均衡的思路，以资本监管和流动性监管为主要手段，可以有效防止目前微观审慎监管的不足，避免金融体系违约产生的信贷紧缩和火线销售问题。在当前引入了第三版巴塞尔协议的情况下，宏观审慎管理的建设正在加速。但是，在中国，宏观审慎管理需要注意的一个关键问题是谁来实施。我们的建议是以中国人民银行牵头完善整个监管体系。当前中国的金融体系处在利率市场化和人民币国际化的大变革的背景下，如果不能让这两个变革与其他金融监管改革相协调，则容易引发金融危机。因此，中国必须由一个部门出面，统一实施金融变革和金融的宏观审慎监管。从这个角度，由于利率市场化和人民币国际化以人民银行牵头，就需要以中国人民银行为核心完成宏观审慎监管，推进利率市场化和人民币国际化。

4. 适时加快注册制改革。

要降低杠杆就需要加大股权类融资。这需要加快股市的制度建设。因为现在的市场机制与当前的全面融资需求并不匹配，这就需要有大规模改革的勇气。注册制改革正好提供了这个契机，可以通过全面改革构建符合新常态发展要求的股市。因此，注册制改革需要提速。在这个过程中，有观点担心股市的承受能力。实际上，股市承受能力较弱正是当前制度存在较大问题的表现，正需要通过改革来解决。同时，为了避免过度冲击，可以采取具有前瞻指引的方式来保证市场稳定。例如，公布养老金的逐步入市计划，提供详细时间表和购买量，这既给市场提供了稳定的资金，又能进行积极的预期管理。

5. 与化解产能过剩联动。

高杠杆很多是和过剩产能、“僵尸企业”相联系的。正是这些企业不能自主获得收益，只能依靠贷款维持，大幅度推升了中国的杠杆率。要化解高杠杆，一个关键就是解决过剩产能。对过剩产能的债务可以通过减记、债转股等方式处理，在企业的重组过程中合理安排债务，提升企业经济绩效。

6. 通过央行、政府和居民加杠杆，为企业去杠杆创造条件。

各部门不加区分地去杠杆会导致社会的资金紧张，加大经济下行，降低企业收益，进一步推升企业的杠杆率。中国政府和居民部门的杠杆率并不高，还有较大的加杠杆空间，并不需要通过去杠杆来修复资产负债表，因此，可以通过鼓励发债和贷款等方式来扩大这两类主体的杠杆率。这个过程通过提高政府和居民的支出提高社会需求，为企业降杠杆提供空间。

第七章

中国实体经济中"高成本"的成因及对策

近年来，中国经济可持续增长所依赖的主要生产要素的低成本优势以及制造业部门的出口竞争优势，正在发生着根本性的变化，其中，以制造业为主的实体经济部门在生产经营活动中，来源于制度性交易成本、税费、人工、土地、融资、能源、物流和汇率等方面的生产成本，使得改革开放以来形成的、以比较优势和后发优势为主的中国“出口导向型”和“投资拉动型”的粗放型发展模式难以为继。这些典型的高成本现象，既会对中国传统产业的转型升级造成极大的阻碍，也会对中国新兴战略产业的发展造成相应的拖累。面对当前中国实体经济部门竞争力的快速弱化，中央部署通过供给侧结构性改革来加以应对，其中的一个重要方面就是“降成本”。

一 当前中国"高成本"的突出表现

当前，中国以制造业为主的实体经济部门所面临的"高成本"主要表现在以下几个方面：

1. 较高的制度性交易成本。

第一，中国的营商环境友好程度还大幅度低于发达国家，来自各种不合理审批、许可和中介服务收费等方面的负担仍然较重。依据世界银行发布的《2016 年营商环境报告》的数据显示，在全球 189 个经济体中，中国的营商环境[①]居第 84 位，但是，与美国、日本、德国、法国等发达国家相比，中国整体营商环境还存在很大差距。与东亚与太平洋地区的发展中国家相比，该地区的大多数发展中国家都实施了进一步改善中小企业监管环境的改革，与中国的差距在缩小。在过去一年里，该地区的 25 个经济体中有 52% 实施了 27 项提高营商便利度的改革。从分项指标来看，虽然中国整体营商环境排名上升了 6 位，但是除了办理施工许可和纳税两项指

① 这项评比关注的标准是需要多长时间开张企业、电力可获得性以及解决商业纠纷所需时间等——它不衡量腐败和保护主义之类。

标外，所有营商环境指标排名都呈现下降态势，特别是开办企业和获得信贷指标下降较为明显，2016 年排名分别比 2015 年下降 9 位和 8 位。

第二，中国企业或许还会面临某些权力寻租成本。依据国际组织“透明国际”发布的 2015 年度报告，在 2015 年清廉指数排名中评估的 168 个国家和地区中，中国的得分为 37，比去年多了 1 分，排名为第 83 名，虽然较去年的第 100 名有所改善，但是与主要发达国家的差距仍然很大。在政府和市场的权利边界没有清晰界定的情形下，掌握企业进入、项目投资以及获得各种关键要素资源等环节的审批权力的政府官员，在国家法治和监管机制尚有待完善的情况下，难以杜绝不给企业增加额外的腐败寻租成本，这造成中国企业生产经营活动面临额外的制度性交易成本。

2. **高企的税费成本。**

第一，中国的宏观税负相对较高，与中国发展中国家的地位并不相称。按照国际通行的宏观税负计算方法，2014 年中国宏观税负高达 37.2%，已超过发达国家 30%—35% 的平均水平，这显然与中国所处的经济发展阶段并不相称。同时，与发达国家实行“高税负、高福利”政策不同，中国是在较低的福利水平上存在较高税负的现象，并且，中国宏观税负较高特征主要是体现在实体经济中企业部门的税负较高。

第二，与世界发达以及发展中国家相比，中国的实体经济部门存在高税负水平的重要事实。根据世界银行公布的各国总税率（企业减免掉法律允许部分之后必须缴纳的税额占商业利润的比例），2014 年中国的总税率为 64.6%，远高于发达国家美国的 43.8%、德国的 48.8%、日本的 51.3%，也高于同为发展中国家的印度的 61.7%、墨西哥的 51.8%、越南的 40.8%。这在当前中国的税制体系下，制造业必然首先成为高税负最为直接的承担者。

3. **与中国制造业盈利能力不相对称的迅速增长的劳动力工资成本，以及相对过高的“五险一金”成本。**

第一，中国工资上涨速度不仅显著快于美、日、欧等发达经济体，而且快于南非、巴西等发展中国家。2008—2014 年，中国单位就业人员平均工资年均增长率达到 11.8%，扣除物价水平变化因素，实际增长 9.0%。同期，美国工资实际增长率仅为 1.9%、欧元区为 0.5%、日本为 -0.8%，发展中国家南非和巴西的实际工资增长率分别为 3.2% 和 5.7%。

第二，与中国制造业出口竞争优势相比相对过高的

“五险一金”成本。依据清华大学民生经济研究院发布的《2015 年中国企业家发展信心指数》报告，近八成企业家认为“五险一金”的支出负担过重且税负过高，人力成本已经取代融资成本成为企业发展最大的压力来源。中国社保体系主要由“五险一金”组成，虽然 2015 年已经相继下调了失业、工伤和生育保险的费率，但是现行的五项社会保险缴费合计仍然达到企业工资总额的 39.25%。其中，养老保险总费率 28%，单位缴费 20%、个人缴费 8%；医疗保险 8%，单位缴费 6%、个人缴费 2%；失业保险费率 2%，单位、个人比例各省自定；工伤保险和生育保险由单位缴费个人不缴，工伤保险平均费率为 0.75% 左右，生育保险的平均费率为不超过 0.5%。事实上，多数地区的五项社会基本保险费用目前占到了企业用工成本的 25% 左右。如果按照全额基数缴费，这个比例可能达到 35% 左右。[①] 在中国当前制造业存在通货紧缩现象以及部分行业存在产能过剩的背景下，多数制造业企业普遍依靠低价格的竞争生存策略，如此的“五险一金”负担成本水平，在一定程度上已经脱离了中国制造业企业的竞争力基础和盈利

---

① 《社保缴费占用工成本近四成，专家称“五险一金”存下调空间》，《经济参考报》2016 年 1 月 15 日。

能力，削弱了中国制造业的出口竞争优势。

4. 相对较高的资金成本以及融资成本。

第一，中国以银行为主的金融机构的真实贷款利率远高于发达国家。中国2014年的一年期贷款基准利率为5.6%，虽然低于巴西（32.01%）、印度（10.25%）、南非（9.13%）等发展中国家，但是与中国制造业的主要竞争对手的发达国家相比，远高于美国（3.25%）、日本（1.22%）等发达国家。如果考虑2014年中国工业生产者出厂价格（PPI）为-1.9%，中国企业贷款实际利率将达到7.5%，而同期其他国家的实际贷款利率普遍低于贷款基准利率。因此，中国贷款实际利率明显高于除巴西之外的其他主要经济体。[①] 此外，中国企业向银行机构的贷款过程中还存在各种附加或隐形的中介费用成本，包括担保鉴定费、信用评估费、保险费、顾问费，甚至权力寻租等费用。算上这些中介费用的话，中国制造业企业特别是中小民营企业的真实贷款利率可能普遍就高达10%乃至15%以上，高于多数发展中国家。而且，在中国存在以垄断性大银行为主的金融抑制体制之下，由于中国制造业的外部融资

---

① 《中国制造业成本国际比较及降成本六大建议》，《中国证券报》2016年2月29日。

资金中的80%是通过间接融资渠道获得，这必然会造成中国制造业高负债高杠杆现象的发生，从而使得高融资成本的现象更加突出。

第二，中国当前的垄断银行机构为主的金融抑制体系，必然会造成影子银行体系和民间借贷体系乃至非法集资和高利贷体系的盛行。针对那些缺乏有效抵押担保品的中小微企业以及民营企业而言，其外部融资需求多数只能依靠影子银行体系以及民间借贷体系，而当前的影子银行体系以及民间借贷体系的真实贷款利率高达20%以上，这进一步严重加剧中国制造业自身盈利能力与高融资成本的不对称现象，弱化中国制造业的出口竞争优势和转型升级能力。

5. 相对较高的能源成本①。

中国作为“世界工厂”和制造业规模体量最大的发展中国家，核心能源原材料成本必然会显著影响制造业的生产成本以及出口竞争优势。然而，中国的主要能源价格均高于中国制造业的主要竞争对手和发达国家。

第一，煤炭作为中国工业部门的主要消耗能源来源，中国煤炭总体价格要高于主要国际市场。2014年

① 《中国制造业成本国际比较及降成本六大建议》，《中国证券报》2016年2月29日。

中国、日本动力煤、美国阿帕拉契、西北欧煤炭现货价格指数分别为 145.6、97.7、69.0 和 75.4，分别较 2008 年下跌 16.5%、20.5%、41.9% 和 49.0%。从动力煤现货价格来看，2015 年年底中国秦皇岛、澳大利亚 BJ、欧洲 ARA 港和南非理查德 RB 动力煤现货价分别为每吨 370 元、339 元、313 元和 320 元，中国煤炭价格分别高出 9.1%、18.2% 和 15.6%。

第二，中国工业电价高于发达国家平均水平。2014 年 OECD 成员国工业平均电价为 123.88 美元/千千瓦时。而中国工商业平均电价折合 139.43 美元/千千瓦时，可见中国工商业电价高于经合组织国家平均水平，更是美国平均电价的两倍。但是，中国工商业平均电价明显低于日本、德国、英国等国家。此外，经合组织成员国居民平均电价要高于工业电价，而中国则恰恰相反，2014 年工业平均电价约为居民平均电价的 1.52 倍。

第三，中国汽油价格属于世界中等水平。2015 年 10 月，北京汽油价格约为 5.92 元/升，分别高出同期美国（3.8 元/升）和加拿大（5.1 元/升）54% 和 16%。这主要是因为中国汽油价格中约有 30% 多的各种税费（消费税、增值税、城市维护建设和教育附加费等)，而美国和加拿大的燃油税较低。但是，中国汽油价格明显低于实行高燃油税的日本和西欧各国，同期日本汽油价格高出中国汽油价格 20% 左右；西欧国家汽油价格超出中国汽油价格 40%—80%。

第四，中国天然气比价大幅度增加，已经超过中国制造业的主要竞争国家。近年来随着油价和煤价持续大幅度暴跌，长期偏低的气价在改革之后反而因比价偏高，成为抑制天然气消费的主要因素。国际比较来看，2014 年日本液化天然气（LNG）进口价格为 16.33 美元/百万 Btu，是德国 LNG 进口价格的 1.8 倍，更是英国、美国和加拿大天然气市场价格的 2.0 倍、3.8 倍和 4.2 倍。日本 LNG 进口价格基本代表东亚地区的天然气进口价格水平，与中国 LNG 进口价格接近，这表明东亚地区包括中国在内的天然气进口价格处于相对较高水平。

6. **较高的物流成本。**

中国制造业的物流成本较高是造成制造业总体成本上升的重要原因之一，近年来，中国物流成本总体上虽然出现不断降低的态势，中国物流成本占 GDP 的比重由 2009 年的 17.6% 降低至 2014 年的 16.6%，但是，仍然远远高于 2014 年美国（8.3%）和日本（8.5%）

等发达国家的水平，也比世界的平均水平（11.7%）要高。

7. **相对高昂的土地成本。**

中国工业用地成本和商业用地的相对高成本，已经成为影响中国制造业出口竞争优势的重要因素之一。

第一，中国工业用地高成本直接推高了制造业生产成本。中国工业用地成本虽然大幅度低于商业用地成本，但是，中国工业用地综合成本既高于发达国家，也较大幅度高于越南、老挝、缅甸等东南亚的发展中国家。

第二，中国迅速增长的商业用地高成本间接推高了制造业生产成本。2000—2014 年中国商品房年均售价累计上涨约 200%，明显高于主要发达国家的涨幅。此外，目前中国一线城市房价中土地成本占建筑成本的 70% 以上，全国平均水平为 50% 左右，而发达国家（如澳大利亚）土地成本占建筑成本的比例仅为 17%。从传导机制来看，商业用地成本的高企，会通过推动劳动力生存生活成本的上涨，倒逼劳动力工资水平的上涨，从而加剧中国制造业部门（特别是出口部门）的劳动力要素成本快速上涨与盈利能力相对较低之间的矛盾和冲突，加速中国制造业部门传统出口竞争优势的衰退。

◇二　当前中国企业"高成本"的成因

1. 中国制造业部门制度性交易成本和税费成本相对偏高的根源，相当程度上在于对政府与市场功能边界的认识不充分，以及地方政府对简政放权调整相对滞后所造成的。

首先，我们认为，造成中国实体经济部门高制度性交易成本以及高税负水平的形成逻辑机制是：政府和市场功能边界界定不清→政府规模扩张＋政府权力边界扩大→宏观税负相对GDP增速的高增长＋权力寻租空间的增长→企业真实税负水平升高＋较高的制度性交易成本。有关研究表明，到2014年年底，中国财政实际供养人数已经超过6400万，财政供养比已高达23∶1。中国当前规模如此巨大的财政供养人员队伍的压力，必然最终会传导到实体经济部门的真实税负承担方面，不可避免地造成中国实体经济部门的高税负效应。而且，中国长期针对公务员队伍的相对低薪政策和施加的生产性政府官员功能，不排除会在一定程度上激励掌握政府权力的官员的权力寻租活动，导致企业在获得发展所需关键要素过程中必然会产生各种额外的隐性交易成本，从而进一步推高中国实体经济部门的制度性交易成本。只要在中国政府和市场功能边界尚未界定清楚的情形下，政府权力扩张和财政供养人员队伍扩张的怪圈就无法破解，中国实体经济部门面临的高税负以及各种隐性高交易成本，可能就无法从根本上得以解决。

其次，由于地方政府对权力使用的路径依赖，或者由于地方利益的固化特征，地方在执行中央简政放权的决策时会发生滞后或不到位的现象。近年来，虽然中央在不断推进简政放权、取消和下放行政审批事项等改革层面，取得了很大的进步。但是，从实际来看，各种审批、行政许可事项等权力清单仍然相对较多。而且，在经济下行导致地方财政增收困难的情况下，有些地方政府便开始清理各种税收优惠，甚至征收过头税，这会进一步加大企业的税费负担。

2. **中国制造业用工成本快速上升的核心因素，既在于劳动生产率增速低于劳动力工资增速，也在于与中国经济发展阶段相比略显超前的劳动保护制度。**

首先，导致中国制造业用工成本快速上升的核心因素之一，在于劳动生产率增速严重低于劳动力工资增速。随着中国劳动力供需关系的逆转和人口红利的逐步消失，劳动力工资自然会处于一个上升通道之中，需要劳动生产率的加速提升来弥补劳动力工资上升对企业成本带来的冲击。然而，最近一段时期以来，中国制造业乃至整个经济部门均出现了劳动生产率增速低于劳动力工资水平增速的现象。而且，从制造业部门来看，2008—2014 年中国制造业城镇单位就业人员年平均工资名义增长率达到 13%，同期第二产业全员劳动生产率名义增速为 8.4%，工资增速超过劳动生产率增速已经高达四个百分点。造成中国制造业劳动生产率增速低于劳动工资增速的原因很多，但全要素生产率增速缓慢可能是重要原因。

其次，导致中国制造业用工成本快速上升的另一核心因素，也在于与中国当前所实施的与经济发展阶段不相适应的劳动保护制度。中国制造业的成本优势很大一部分建立在劳动力市场用工制度的灵活性方面，中国是依靠全面深入参与全球价值链的代工和外包体系，成为劳动密集型产品的“世界工厂”。而全球价值链中的代工和外包体系本质上是一种具有高度灵活性和不确定性的委托订单式生产模式，这恰好与中国比较宽松的劳动力市场用工制度相切合，使得劳动力市场的灵活性成为中国制造业出口优势的核心来源。新《劳动合同法》

在强调保障劳动者合法利益的同时，并没有认真考虑到中国现阶段这种以代工和外包订单模式切入全球价值链体系的现实国情，也没有充分理解出口对中国经济发展的重要作用。因此，与中国当前国情和经济发展阶段部分不相适应的新《劳动合同法》，一方面，由于社保分担机制的不健全使企业的社会保障负担沉重，加大了企业对员工的社保支出，影响了企业生产经营的盈利能力和人力资本投资意愿；另一方面，也使得中国失去了构成制造业出口竞争的核心优势。

3. **中国实体经济部门的高负债以及融资成本相对偏高，主要是由中国当前的金融抑制体制，以及直接融资类型的金融市场发展相对滞后所造成的。**

首先，中国以大银行为主的金融机构以及金融抑制政策，对中国实体经济造成了显著的资本结构错配问题，这主要反映在实体企业的资产负债表中，其基本表现形式就是债务形式的负债率持续增高以及杠杆率的过高特征。由于中国的银行信用只能以贷款方式提供，而中国的实体企业特别是制造业企业只能以负债形式融资，这必然会造成实体经济企业负债率过高的后果，负债率过高又必然会造成企业利润被利息侵蚀的概率加大。

其次，在银行体系垄断地位以及金融抑制政策的双重激励下，以国有大银行为主的金融体制及金融资本“避实就虚”，货币市场短期利率水平的降低不能有效传导到信贷市场，加大了实体经济的债务成本，进而挤压和侵占了实体经济的利润，抑制了实体经济企业发展的内在动力，成为中国实体经济杠杆率攀升以及经济泡沫频繁发生与资源配置扭曲的重要成因。仅以中国上市银行2006—2014年的净利润为例，16家上市银行的利润总额每年均远超过所有2000多家制造业上市企业的利润总额。在中国经济面临持续下行压力的态势下，2014年中国商业银行净利息收入高达3.3万亿元，净利润仍然高达1.55万亿元，同比增长9.7%，比2013年还增加了1369亿元。而且，中国商业银行平均资本利润率仍然高达17.59%；而同期，中国工业企业的平均利润率不超过7%，工业企业500强是2.3%，规模以上工业企业主营活动平均利润率也只有6.04%。二者利润率的对比与落差非常鲜明。

最后，中国当前产能过剩行业和地方政府融资平台等缺乏利率弹性的部门的巨大资金需求拉高了资金成本，而且，银行理财产品、电子金融等金融产品及影子银行等市场化融资渠道分流了部分资金。在金融体系下以制造业为主的实体经济的信贷传导机制受到阻碍的情形下，金融资金难以渗透到中小微企业等实体经济部门，这就会严重扭曲资金市场的供给和需求关系，进一步推高实体经济部门的信贷约束程度以及融资成本。

4. **能源价格形成的市场机制发育不全，造成了中国实体经济所使用的能源成本的相对偏高。**

首先，中国电力体制改革进程严重滞后，煤电联动机制以及电价水平未能充分反映市场供求的变化关系与经济结构转型升级的需求。2002年国务院下发《电力体制改革方案》（即五号文件），提出政企分开、厂网分开、主辅分离、输配分开、竞价上网的电改方向。2003年电价改革具体方案出台。这两个方案非常系统，方向正确，但是除了“厂网分开”改革措施得以实施，此后中国电力体制改革的核心举措，具体包括竞价上网、大用户直购电试点等，由于受到各种因素的困扰特别是受到利益集团的阻力，都没能够完全推动和落实下去。

其次，中国汽柴油等石油终端产品价格明显高于美国和部分资源国，核心原因是税费较高。目前，中国成品油价格中包含着增值税（税率17%）、消费税（汽油1.52元/升、柴油1.2元/升）、城建税（税率7%）、教育费附加税（税率3%）、地方教育附加税（税率2%）。因此，当前中国每升汽油中税费占比接近50%。中国汽柴油等石油终端产品价格中税费比例过高的原因，仍然是中国当前对政府与市场功能边界不清、能源国有垄断经营体系没有被彻底打破等。

5. 地方政府政绩观驱动下违背产业集聚效应的产业发展思维，以及地方利益驱动下的市场分割，是导致中国实体经济部门物流成本相对偏高的主要原因。

首先，不容忽略的是中国突出的外向型经济结构特征，这造成货物大进大出的格局，提高了物流成本，是中国物流成本占GDP比重高的主要原因之一。

其次，体制性因素是造成中国实体经济部门物流成本相对偏高的重要因素。具体表现为：一方面，中国各个地区的政府官员在以获得当地GDP增长为目标的政绩观的强力驱动下，并不是按照当地资源和要素的禀赋条件以及原有的产业发展基础来谋划产业布局的，而是以能否短期内带来GDP规模以及以本地区今后财政收入为核心目标，按照“抓大项目”“抓央企项目”“抓外商项目”的招商引资逻辑，依靠不顾一切的优惠政策手段来吸引各种项目投资。这种情形下，所造成的突出问题是产业分布布局碎片化以及产业集聚效应缺失，产业链、产品链配套效应弱化，这种由于政绩驱动的产业布局分散化格局，必然会推高各地区的产业物流成本。另一方面，中国当前特定的以收取过路费来筹集交通基础设施资金的发展模式，必然造成各地区依据地方利益来收取过路费、过桥费等，并造成过路费、过桥费的收费水平与地区经济发展水平的脱节。甚至在收取的过路费和过桥费按照法规已到期后，不少地方政府仍想方设法地延长收费期限，这就必然会进一步推高中国以制造业为主的实体经济部门的物流成本。

6. **中国特有的土地财政依赖体制是导致中国工业用地成本相对偏高的核心因素。**

在中国当前特定的财政分权体制下，城市土地普遍为国有和集体性质，会催生地方政府依靠推高工业和商业用地出售价格，来获取地方发展以及民生支出所需的财政资金，进而形成中国各地方的土地财政依赖发展模式。这种土地财政依赖体制，一方面会直接推高工业用地的价格；另一方面会通过推高商业用地价格促使房地产价格持续大幅度上升，进而通过推高劳动者生活成本的间接渠道，进一步推升中国实体经济部门的劳动力工资要素成本的快速上升。

◈三　对策建议

1. 推进与市场化改革目标兼容共生的政府权力体系建设，是切实降低制度性交易成本的必要途径。

落实和推进中央部署的各项供给侧结构性改革，通过进一步简政放权、放松管制、全面落实负面清单等改革措施，来全面降低实体企业的制度性交易成本。同时，全面优化政府管理，提高管理效率，促进政府公共服务职能的转变，为企业营造良好的经营环境，激发企业的积极性和创造性。

2. 推进税收改革和收费机制完善，切实降低企业税费负担。

可采取的措施有：一是通过税收制度改革实现减税，尽快将“营改增”推广和落实到建筑业、房地产业、金融业、生活服务业等领域。二是推进税制结构改革和税率优化，力争近期将各类实体企业增值税税率普遍降低两个百分点。三是出台更多针对特定行业的税收优惠政策，实施精准降税措施，加大对新兴战略产业、出口竞争优势下降过快的特定类型制造业企业以及消费领域的减税力度。特别是要针对“三农”以及小微企业，进一步扩大税收优惠政策面。落实小微企业、高新技术企业、企业研发费用税的加计扣除等国家税收优惠政策。四是针对某些地方清理各种不合理收费的动力不足问题，以及对系统性清理各项政府性基金收费的行为滞后的现象，要加大督察清理力度以及进行合理的制度设计。当然，以上的一系列降低中国实体经济部门高税费负担的政策组合，很大程度上只能起到“治标不治本”的短期效应。要从根本上解决中国实体经济高税费负担、减少政府非公共性的权力、减少政府层级，科学合理设置政府权力清单和机构设置才可能是最为持久，同时也是最为明智的选择。

3. **采取措施降低相对成本来降低中国实体经济的劳动力成本。**

降低中国实体经济劳动力成本的治标之策，是要对中国当前的社保政策作出适当调整。具体的措施是，拓宽社保资金的筹集渠道，增强收支平衡能力，通过完善费率和待遇调整机制，理顺社会统筹和个人账户的基金结构。指导有条件的地方适时适当降低养老和医疗保险费率。在确保失业保险保障生活、预防失业、促进就业的前提下，根据各地失业保险费收入、支出和结余情况，积极研究和实施合理降低失业保险费率。细化工伤保险行业费率，强化费率的浮动机制。当然，降低中国实体经济劳动力成本的治本之策，应是加快产业技术升级和精益制造体系的构建、促进制造业部门的资本替代劳动的转型过程、刺激自主创新能力的提升，从而大幅度促进中国制造业部门劳动生产率的提高，进而在劳动力绝对成本提高的同时有效降低劳动力的相对成本。同时，通过对新《劳动合同法》的适当调整，控制劳动力绝对成本的过快提高。

4. **全面推进金融体制改革，切实降低企业融资成本。**

首先，改革现有银行业盈利模式，改变银行主要依靠存贷息差赚取利润的模式，使金融资本真正服务于实体经济。加强对影子银行、银行同业业务、理财业务等方面的管理，清理不必要的资金“通道”和“过桥”环节，抑制金融机构筹资成本的不合理上升。

其次，要切实解决中国实体经济部门的高负债难题，有必要从全面推进金融体制的改革入手。一方面，加快银行体系的混业经营，通过针对银行体系发展直接融资方式的创新举措，来从根本上解决银行体系的贷款资金短期化倾向和实体经济发展资本长期需求之间的内在矛盾，构建真正适宜于中国实体经济发展内在需求、具备转型升级特征的金融体系。重新审视禁止商业银行从事投资活动的规定，中国金融体系的改革，已经不再仅仅局限于是否逐步放松利率管制与利率市场化的表层次讨论，而是要进入对银行体系的定位和发展思路的全面深层次改革的思考和探索。

最后，在中国经济新常态的特定背景下，通过鼓励中国资本市场的全面发展，容忍资本市场适度的泡沫化，特别要对创业板、新三板以及主板市场要适当容忍一定程度的泡沫化。在这种背景之下，借助中国资本市场适度的泡沫化，通过引导社会资金、金融体系资金流向实体经济，积极促进大众创业万众创新战略的实施。

5. **切实推进能源价格体制市场化改革，真正降低制造业能源成本。**

首先，真正落实当前制定的能源价格机制改革方案，进一步理顺能源产品价格关系，使得中国汽油、电力等能源价格切实反映市场供求的变化。加快在售电价、留存电量价格、直购电和富余电量消纳、天然气直供、天然气经营企业成本监审等方面的体制改革步伐，促进企业能源成本的降低。

其次，完善市场机制，通过竞争真正打破中国能源生产体系中的国有垄断，从而促进企业能源成本的逐步降低。

6. 打破激励地方发展产业的无序竞争体制，推进物流业整合和道路通行收费规则改革，切实降低中国实体经济部门物流成本。

首先，通过进一步打造社会化、专业化的物流服务体系，形成一批具有较强竞争力的现代物流企业，同时，扭转物流产业“小、散、弱”的发展格局，提升物流产业的规模经济和范围经济能力。进一步优化通行环境，加强和规范收费公路管理。

其次，通过全面改革 GDP 唯上的地方政府官员政绩考核机制，扭转地方政府在政绩观驱动下违背产业集聚效应客观逻辑的产业招商引资和产业发展的思维，通过产业集聚效应来降低物流成本。

7. 通过分税制改革，理顺地方政府的财权与事权关系，逐步弱化地方对土地财政依赖，以降低中国工业用地成本。

首先，针对中国特定出口优势急剧下滑的制造业产业、迫切需要转型升级的传统产业以及新兴战略产业，各地方政府有必要针对工业用地价格实施更有力度的优惠政策。

其次，理顺地方政府的财权与事权关系，同时通过收缩地方政府的财政供养人口，拓展地方政府债券融资渠道以及逐步推进地方政府资产的证券化，从根本上来逐步弱化地方政府的土地财政依赖，消除地方政府对土地价格上涨的内生激励动机。

第八章

中国制造业“补短板”的核心在于激发创新活力

供给侧结构性改革将“补短板”作为五大任务之一，这显然是抓住了中国经济发展中的非常重要的环节，更是抓住了中国制造业发展的要害。在改革开放几十年的发展中，由于以速度为导向的思维等因素的影响，发展过程导致了严重失衡，经济社会中存在许多短板和不足。仅从产业的角度来看，制约中国经济可持续发展的最核心短板在于制造业的创新乏力。主要表现为实体经济部门供给能力的提升严重滞后于消费者需求升级换代的变化要求，而自主创新能力的相对不足则是制约实体经济部门供给能力提升的核心因素。在这种背景之下，如何通过改革来破除实体经济部门自主创新能力培育和提升的各种制约性因素，促进实体经济部门供给能力的转型升级，已经成为当前改革的当务之急。

◈一　中国制造业短板的突出表现

1. 制造业的粗放式发展，使得其始终徘徊于全球产业链的中低端，产品缺乏国际竞争力。

改革开放以来，中国制造业以量为导向的粗放式发展，形成了传统粗放式供给模式，依靠廉价的劳动力、大量的资源投入、缺乏技术创新的低水平模仿，使得中国制造业始终徘徊于全球产业链的中低端，产品质低价廉，缺乏国际竞争力。这在全球经济繁荣、国外需求旺盛的时期，以廉价的方式，依赖出口尚能维系供需的基本平衡。而一旦全球经济不景气，国外需求萎缩、出口乏力的时候，就会出现产品的严重过剩。

2. 制造业供给能力的提升，滞后于消费需求换代升级的需要，导致很多产品得不到需求的回应。

随着中国居民收入水平的提高，消费需求结构正发生由低端需求向中高端升级的显著变化现象，这为中国传统产业特别是制造业立足产品质量提升、产品设计多样化、关键技术的自主创新能力培育和提升等高质量投资活动，创造了立足于本土市场需求的关键发展机会。

然而，中国制造业在产品质量、产品设计、品牌构建维护、基本精益制造能力等这些方面所体现出的供给能力，却严重滞后于中国消费者需求结构的变化，导致生产出来的很多产品得不到需求的回应。出现这种问题的原因，在于中国并未形成一个精益制造的生态体系，突出表现为中国以制造业为主的实体经济部门在产品质量以及产品设计的基础能力普遍不足，在关键零配件和高端生产设备创新研发方面的基础能力严重缺失，“工匠精神”以及专业化精神严重丧失。

3. 制造业缺乏核心技术支撑，导致其始终难以真正融入全球高端价值链。

一则关于“中国为什么生产不了圆珠笔笔芯”的新闻，引发了全社会的广泛关注。中国圆珠笔的产量每年约是380亿支，占全世界总供应量的80%，但圆珠笔笔尖珠芯近90%来自进口，每年需花费2亿美元外汇从发达国家进口。中国的3000多家制笔行业中，没有一家掌握高端笔头和高端墨水制作的核心技术，日本人赚走制笔行业核心材料的钱，瑞士、德国拿走高端生产设备的钱，中国企业只获取一个加工环节的苦力钱。中国圆珠笔笔芯的制造困局，折射出的不仅仅是中国钢铁行业在高端模具生产能力缺乏方面所面临的困境，更多反映出的是中国实体经济部门特别是制造业部门自主创新能力严重不足的客观事实。

从中国制造业表现出的上述短板可以看出，以制造业为核心的中国实体经济之所以缺乏国际竞争力，关键就在于它的自主创新能力不足，难以适应国内外市场需求的变化。

二　当前中国自主创新能力提升的制约性因素

制造业作为一个国家国民经济的核心支撑，其兴衰严重影响到国家实力的提升。然而，以制造业为主的中国实体经济部门自主创新能力的提升方面，所面临的各种错综复杂的制约性因素障碍，却并未引起我们的足够重视。最近出台的《中国制造业 2025 规划》，对束缚中国制造业自主创新能力提升的重要因素的认识，仍然存在一定的盲区。这些较为突出的制约性因素主要表现在：

1. 政府与市场的边界不清晰，抑制了中国企业家创新精神以及微观经济主体创新动力的提升。

中国经济发展过程中的一个突出问题，在于政府与市场的边界不清。政府这只“看得见的手”，通过对微观经济主体发展所需的关键要素的控制以及市场进入权的控制，虽然短期内可以创造微观经济规模快速扩张的优势，但是，长期来看，必然对企业家精神和微观经济部门的创新动力，造成不可忽视的负面影响乃至抑制效应。而且，还将会在经济活动中催生官商结合乃至官商勾结机制的产生。这对于以个体利益最大化的企业家或市场经营者的理性决策行为来说，通过与掌握关键要素资源以及市场进入权力的官员合谋和勾结，来获取企业的竞争优势和额外的发展条件，是必然的理性选择。而且，一旦在微观经济部门中广泛形成了官商结合体制，这种官商结合体制自身就具有路径依赖式的惯性特征，即便在外部竞争环境或者需求结构发生重大变化的条件下，仍然会导致企业家对这种官商结合体制的依赖和锁定，从而严重阻碍企业家创新精神的兴起，抑制微观经济部门自主创新动力的提升。

2. 手段落后且利益固化的产业扶持政策，非但没有激励企业创新活动的提升，相反，各级政府积极实施的创新补贴奖励政策，却可能通过寻租渠道对企业的创新动力造成一定程度的抑制效应。

中国各级政府为了积极响应中央制定的创新驱动发展战略，广泛运用政府财政资金，以创新补贴、奖励或贷款优惠形式的优惠政策，来激励微观企业创新能力的提升。然而，中国在相应的监管机制缺位的情形下，这种简单地运用政府财政资金来补贴和激励企业创新研发活动的行为，不仅没能将有限的财政资金精准地运用到弥补关键创新技术能力提升的短板等方面，相反，却在很大程度上激发了掌握政府创新补贴等奖励政策权力的官员与企业之间合谋，导致了中国当前以政府创新补贴奖励为主要类型的产业扶持政策失效。

有关研究表明，产业扶持政策的失效表现在：一方面，大量的创新财政资金投入被运用到与企业生产经营相关的活动中，而真正用于创新活动的不多；运用到购买硬件的较多，而用于创新人才培养以及创新技能培育方面的较少；运用于购买国外创新技术的较多，而致力于自主创新能力提升的较少；运用于国有企业的较多，而针对民营企业的较少。另一方面，政府的创新补贴资金对企业自身研发投入造成了显著的挤占效应，造成了企业的创新研发投入对政府财政资金的依赖症，削弱了企业运用自身资金进行创新研发投入的内生动力。

3. **知识产权执行机制的缺位以及专利制度的落后，极大地抑制了中国创新动力的提升。**

中国虽然已经制定了一系列知识产权保护法律法

规，然而，在地方政府仍然存在地方保护主义、地方法院系统对知识产权保护执法的不重视以及执法能力的不到位、腐败活动对知识产权执法公平性的干扰等多重因素的影响下，事实上造成了这些知识产权法律法规的执行机制的严重缺位。而知识产权执行机制的普遍缺位，造成的是中国企业之间对创新的模仿和剽窃行为的盛行，造成创新企业的前期巨额研发投入根本无法获得正常的弥补和回报，这从根本上对中国企业的创新研发活动造成了严重的抑制效应，导致了中国企业“囚徒困境”式的对创新的模仿和剽窃依赖式的发展机制。而且，中国当前专利制度的设计和改革，已经滞后于国家对创新推动经济转型升级的现实需求。虽然，中国这几年发明专利、实用新型专利、外观设计专利这三种类型专利的申请数量已经居于世界第一，但是，在中国各级政府的专利资助奖励政策以及创新补贴政策的双重扭曲效应的负向激励下，中国专利数量在快速增长中存在明显的专利“泡沫”现象或专利“创新假象”，集中表现在政府的专利资助奖励政策上，造成了大量专利质量低下和不具有产业运用价值的专利的产生，导致专利数量的快速增长既无法对中国的经济增长形成有效的支撑作用，也不能对中国以制造业为主的实体经济的转型升级形成有效的促进作用。

4. **房地产泡沫、民间高利贷等虚拟经济的兴起，在一定程度上抑制了实体经济部门的创新动力。**

近年来，房地产行业平均30%以上的净利润率和制造业行业平均5%—10%的净利润率之间的巨大落差，诱惑和激励着中国部分制造业企业将自身应该原本用于产品质量提升、生产工艺提升、新产品设计研发、产品品牌塑造维护等创新活动的资金，转移到相对高投资收益率的房地产行业以及高利贷行业。以房地产以及高利贷行业为主的多元化经营策略乃至投机行为，使得很多中国制造业企业丧失了专业化精神，最终落入多元化陷阱，对中国制造业企业依靠打造自主创新能力获得可持续发展动力的内在动力机制，造成严重的负面效应。而且，在中国存在垄断性银行为主的典型金融抑制体制的情形下，以银行机构间接融资为主的金融体系偏向于将长期贷款提供给房地产行业，满足房地产行业快速扩张对金融资金的巨大需求，加剧了金融体系的贷款期限结构与制造业企业创新活动所需长期资本之间的矛盾，对微观经济部门的创新活动产生进一步的抑制效应。

5. 国外产品的质量、品牌优势与中国本土产品的质量、品牌的长期巨大落差，造成中国的高端需求偏好于国外产品的突出现象，这从“需求引致创新机制”的渠道削弱了中国本土企业的创新动力。

按照“需求引致创新机制”的理论假说，一国本土需求规模的扩张，特别是向高端需求方向的转移和升级，会自发地引致本国本土企业创新能力的提升，形成高端需求拉动本土企业创新的内部循环的正向激励机制。改革开放伊始，由于生产力水平较低，中国以全面对外开放的思维和出口导向发展战略来实施经济发展的起飞，这就必然造成中国把本土的高端需求市场让渡给发达国家的跨国公司，而利用自身的劳动禀赋优势占据全球劳动密集型产品的出口市场，迅速成了全球劳动密集型产品的“世界工厂”。然而，这种交换机制在中国的需求结构发生变化的情形下出现了较大的问题。一方面，发达国家产品长期的质量和品牌优势，已经在中国消费者的认知集和信念集中形成了固化效应，造成中国本土具有高端需求能力的消费者对国外产品的信赖和依赖模式。在中国特有的消费示范效应的放大作用下，也将一般消费者的有限高端需求引向国外产品。另一方面，在国外产品已经在国内消费者认知集和信念集中形成了固化效应的情形下，即便国内的需求结构发生了明显的高端化转移升级现象，但也会由于中国的本土企业提升产品质量和开发新产品的创新活动得不到本土高端需求的有效支撑，导致企业的前期巨额研发投入无法得到有效的市场投资回报和弥补，导致“需求引致创新机制”在中国当前发展阶段中的隔断和失效，从而在根本上对中国微观企业的创新活动造成特别严重的阻碍作用。

6. **创新专业人才、创新人力资本以及各个层次技术工人的全面缺失，对中国制造业企业创新能力的提升造成了显著的制约作用。**

中国当前的教育体制存在的一个突出问题是，高校培养的人才结构以及人才的专业技能，要么是综合性的，要么是偏向金融经济这些所谓热门专业的，这与中国作为制造业大国对制造业专业人才的“工匠精神”和专业化精神的现实需求严重脱节。由此造成的后果是，一方面，一旦中国制造业企业面临需要通过强化精益制造体系来提升产品质量，或者需要各种专业人才来研发新产品满足新需求时，创新专业人才、创新人力资本以及各个层次的技术工人就会出现全面缺失，这必然会严重制约中国制造业企业这些产品质量和新产品研发等的创新能力。另一方面，更为重要的是，中国制造业企业长期依赖劳动密集型出口优势的发展模式，导致中国制造业出口企业利润的低端化锁定效应，即控制全球价值链体系核心环节的发达国家的跨国公司或国际大买家，对发展中国家出口企业利润的纵向压榨，造成发展中国家的出口企业只能通过压低劳动力工资水平来维持出口优势。这种情形下，中国制造业部门相对于金融业等行业的相对低工资水平以及高劳动强度，导致中国的二代农民工不愿意到工厂从事低技能工作，也造成专业技术人员和各类工程师不能安心提升自己的专业技能，最终对中国制造业企业创新能力的提升造成了显著的制约作用。

7. **发达国家主导和推进的全球价值链贸易和投资体系，以及隐含于全球价值链体系之中的全球经济和贸易治理机制，对深度参与其中的中国本土企业的创新活动造成了“俘获效应式”的抑制效应。**

有关研究表明，从中间产品的进口角度来看，进口促进了一般贸易企业的创新活动，却抑制了加工贸易企业的创新活动。进一步来看，从发达国家的中间产品进口，会对从事加工贸易企业的创新活动造成抑制效应；而向发达国家的产品出口，均会对从事加工贸易和一般贸易企业的创新活动造成抑制效应。从区分所有制的角度来看，对于民营企业而言，无论是从事一般贸易还是加工贸易的企业，抑或从发达国家的中间产品进口以及向发达国家的产品出口，均会对企业创新活动造成抑制效应。对于国有集体企业来说，无论是从事一般贸易还是加工贸易的企业，只有向发达国家的产品出口才对企业创新活动造成抑制效应。由此可见，以加工贸易参与全球价值链的中国本土企业特别是民营企业遭受了突出的“俘获”效应，这种俘获效应主要是由发达国家维护自己利益的竞争策略造成的。当然，以一般贸易参与全球价值链的中国本土企业还是能获得一定程度的进口中学习效应。

三　对策思路

1. 科学界定政府与市场的边界，同时切实推进国有企业的改革。

严厉打击某些领域存在的官商共谋和勾结现象，从根本上消除抑制企业自主创新动力不足的体制性土壤。

一方面，要科学地界定中国当前发展阶段中市场机制和政府机制的合理边界，从而确定政府对微观经济部门的权力边界清单，通过切实的简政放权来约束和规范政府对微观经济部门的干预权力，将权力关在法治的笼子中，切断当前存在的不正常的官商结合通道，以此来倒逼和激励企业创新创业精神的形成，以及自主创新能力的提升。

另一方面，真正落实和推进中央制定的国有企业全面改革方案，扭转国有企业在关键产业链的行政垄断势力延伸与固化的格局，促进激励国有企业自身创新能力提升的有效机制的形成；同时，逐步消除国有企业部门对民营企业部门创新能力提升的阻碍效应和拖累效应。针对生产公共品类型非竞争性质产品的国有企业部门，要强化国有企业在基础创新和共性关键技术创新方面的主导作用，以及对其他经济部门的技术溢出效应的贡献；针对生产商业类竞争性质产品的国有企业部门而言，要强化国有企业利用市场公平竞争机制来获取自身创新能力提升的发展逻辑，消除这些国有企业利用自身的政府政策优惠条件来谋取垄断的行为动机，从而减少国有企业部门利用行政垄断势力对民营企业部门创新能力提升所造成的阻碍效应和拖累效应。同时，鼓励国有企业和民营企业在突破重大攻关创新方面的混合经营机制和联合合作机制的试点和突破。

2. **全面改革既有的产业扶持政策以及各级政府普遍实施的创新补贴奖励政策，依靠政府对激励创新有效制度的全面创新和重新设计，形成政府对促进微观经济部门自主创新能力提升的正向激励机制。**

鉴于中国当前所处的创新追赶型特定发展阶段，不可完全排除诸如产业扶持政策以及创新补贴奖励政策这些政府干预的必要性和适宜性。然而，需要高度关注的是，在中国当前的政府监管机制缺位的情形下，针对微观经济部门以及特定重点产业创新能力提升的各种产业扶持政策以及创新补贴奖励政策，发生了普遍的扭曲现象。有必要采取如下措施：一方面，通过引入专家咨询和第三方监管机制，强化政府创新补贴奖金的事前、事中和事后的全面政府财政资金监管机制，是当前可行的改革措施之一；另一方面，可通过设立政府“看得见的手”和市场“看不见的手”的两种机制功能相融合的政府股权专项产业发展基金，依靠政府参股和设定总体产业发展方向的专业风险投资基金和私募基金，利用风险投资基金和私募基金的专业知识和市场化运作行为，来实施既定的产业扶持政策和创新补贴奖励政策，从而有效解决政府机构针对创新项目信息识别和筛选机制方面能力缺失的难题。

3. 适当强化类别化的知识产权保护机制和专利制度，通过制度创新形成有利于各经济行为主体创新活动的制度环境，扫除困扰产学研合作机制构建的制度性制约因素。

值得我们注意的是，美国已经充分认识到过于宽松的专利申请授权制度以及知识产权保护机制，会对自身创新能力提升造成负面效应。因此，最近几年来，美国不再追求发明专利数量的提升，而是通过大幅度提高专利获得的门槛难度，鼓励真正的具有原创性研究的创新发明，消除微观经济主体利用专利制度阻碍创新和技术溢出效应的不良动机。因此，中国有必要借鉴美国创新制度的这个重大变化，调整和提高知识产权保护机制和专利制度。具体的措施是：

首先，通过对中国专利资助政策全面改革，激励中国高质量专利的创造与产生，同时，激励高质量专利的产业运用价值的发挥，促进专利对中国经济增长速度和质量的双重有效支撑机制的形成。当前中国专利资助政策的改革重点是，将目前针对专利申请和授权环节的资助政策，逐步转向专利的产业运用价值环节，消除低质量专利产生的扭曲性制度环境。

其次，通过知识产权保护制度和专利激励政策的深度融合，来形成企业自主创新能力提升的内生动力机制，激活中国背景下政府机构、研究机构（包括大学中的研究机构）、科技中介机构和企业生产部门之间“四位一体”的新型创新联盟体系。从中国的现实问题来看，当前缺乏的是为基础创新机构转化专利类型的科技成果的专业性科技中介机构。因此，中国各级政府的创新扶持政策要在这方面发力，通过知识产权保护制度和专利激励政策的深度融合，来构建适宜的多样化、专业化科技中介机构，搭建专利对经济增长的促进机制桥梁。

最后，加快推进中国各省份的专利资助政策的全面调整。针对中国各地区经济发展阶段存在较大差异性的基本现实，专利资助政策的调整在中国东中西部也要有差异性和特色性。在东部发达地区，要考虑全面弱化乃至取消政府各种类型专利资助政策，通过切实强化知识产权保护制度和执行力度，创造公平的市场竞争环境，来促进企业自主创新能力的全面提升。在中西部地区，通过鼓励吸收东部地区专利的产业化成果，依靠创新活动的技术溢出效应、干中学效应，配合中国产业由东部向中西部转移的国家经济发展战略。同时，考虑通过在中西部全面提高政府专利资助政策门槛，来促进高质量专利的创造和产业化运用，促进中西部拥有特定优势，以及促进竞争力产业的可持续发展。

4. 重视房地产投资膨胀对实体经济部门的创新能力可能造成的负面影响。

通过控制房地产投资的过快膨胀态势，消除局部区域的房地产泡沫，纠正房地产行业的不合理发展所带来的资源错配，缓解房地产投资快速增长对实体经济部门创新研发投入的挤占效应，从根本上为促进中国创新能力的提升营造合理的外部市场环境。同时，加快金融体制的改革，消除银行等各类金融机构与房地产行业形成的利益结合对中国实体经济的创新能力提升所造成的抑制效应。

5. 构建与中国创新驱动发展战略相匹配的人才培养体制，塑造有利于技术工人“工匠精神”和专业化精神培养和累积的社会文化氛围。

首先，考虑适当限制中国综合性大学的数量，收缩中国综合性大学的规模，同时，强化高等专业技术学院的地位，全面促进高等专业技术学院教学质量体系的提升和专业技术人才培养机制的完善。依据中国制造业发展的现实需求，加快新型交叉领域理工学科的设立和人才培养体系的更新。

其次，各级政府可依据当地传统产业的转型升级的技术共性需求和关键技术短板，按照市场运营逻辑设立专业的特定产学研研究机构，为区域乃至全国的特定传统产业和制造业的转型升级，提供创新研发和技术人才支持。

最后，鼓励各级政府依据当地传统产业和制造业的转型升级的需求，成立特定的校企深度融合的专业技工学校。

6. 调整中国当前的对外贸易政策，构建中国主导的区域价值链贸易和投资体系，通过对外开放的新格局形成有利于促进中国创新能力提升的外部环境。

中国的对外开放格局发展到当前阶段，加工贸易类型的对外贸易对中国的创新驱动发展战略以及经济可持续增长的负面作用，已经不容小觑。中国到了对鼓励加工贸易政策全面调整的重要关口，应鼓励加工贸易企业自身通过向高技术中间产品生产延伸以及促进出口市场的多元化，来抵消全球价值链体系对自身创新能力提升的负面影响。同时，应鼓励从事一般贸易的民营企业的高技术含量中间产品的进口，充分发挥民营企业利用进口中学习机制来促进自身创新能力提升的发展空间。此外，应通过鼓励民营企业出口市场的多元化来抵消全球价值链体系对自身创新能力提升的负面影响。

参考文献

《中共中央关于制定国民经济和社会发展第十三个五年规划的建议》，人民出版社2015年版。

《中共中央国务院关于落实发展新理念加快农业现代化实现全面小康目标的若干意见》，人民出版社2016年版。

《中华人民共和国国民经济和社会发展第十三个五年规划纲要》，人民出版社2016年版。

习近平主持召开中央财经领导小组第十一次会议，新华网，2015年11月10日。

习近平在亚太经合组织工商领导人峰会开幕式上的演讲《发挥亚太引领作用　应对世界经济挑战》，新华网，2015年11月18日。

习近平主持召开中央财经领导小组第十二次会议研究供给侧结构性改革方案，新华网，2016年1月26日。

李克强在“十三五”《规划纲要》编制工作会议上的讲话，新华网，2015 年 11 月 17 日。

李克强在第十二届全国人民代表大会第四次会议上的政府工作报告，新华网，2016 年 3 月 5 日。

毛增余：《斯蒂格利茨对“华盛顿共识”的批判》，《经济学动态》2003 年第 2 期。

田春生：《“华盛顿共识”及其政策评析》，《南开经济研究》2004 年第 5 期。

余文烈、奉茂春：《“华盛顿共识”再认识》，《国外社会科学》2006 年第 5 期。

Cardoso, E., 1981, “Food Supply and Inflation”, *Journal of Development Economics*, 8 (3): 269 – 284.

Cimoli, M., and J. Katz., 2003, “Structural Reforms, Technological Gaps and Economic Development: A Latin American Perspective”, *Industrial and Corporate Change*, 12 (2): 387 – 411.

Diamond, M., 1978, “Towards a Change in the Economics Paradigm through the Experience of Developing Countries”, *Journal of Development Economics*, 5 (1): 19 – 53.

Furtado, C., 1965, “Development and Stagnation in Latin

America: A Structuralist Approach", *Studies in Comparative International Development*, 1 (11): 159 - 175.

Gore, C., 2000, "The Rise and Fall of the Washington Consensus as a Paradigm for Developing Countries", *World Development*, 28 (5): 789 - 804.

Marangos, J., 2009. "What Happened to the Washington Consensus? The Evolution of International Development Policy", *The Journal of Socio-Economics*, 38: 197 - 208.

Ocampo, J. A., 2004, "Latin America's Growth and Equity Frustrations during Structural Reforms", *Journal of Economic Perspectives*, 18 (2): 67 - 88.

Prebisch, R., 1949, "Introduction: The Economic Development of Latin America and its Principal Problems", Economic Survey of Latin America 1948. Santiago: Chile ECLAC.

Prebisch, R., 1959, "Commercial Policy in Underdeveloped Countries", *American Economic Review*, 49 (2): 251 - 273.

Stiglitz, J., 1998, "More Instruments and Broader Goals: Moving Towards the Post-Washington Consensus", World Institute for Development Economics Research, Helsinki.

Stiglitz, J., 2002, "Towards a New Paradigm for Development: Strategies, Policies and Processes", *Applied Econometrics and International Development*, 2 (1): 116-122.

Vera, L., 2012, "Some Useful Concepts for Development Economics in the Tradition of Latin American Structuralism", *American Journal of Economics and Sociology*, 72 (4): 917-948.

Williamson, J., 1990, "What Washington Means by Policy Reform", in John Williamson, ed., Latin American Adjustment: *How Much Has Happened*? Washington D. C.: Institute for International Economics.

Williamson J., 2000, "What Should the World Bank Think about the Washington Consensus?", *World Bank Research Observer*, 15: 51-64.

Williamson J., 2009, "A Short History of the Washington Consensus", *Law and Business Review of the Americas*, 15: 7-24.